¿Están los dones espirituales vivos en la iglesia hoy día? Tom Brown responde con un rotundo "¡Sí!" en su nuevo libro *Dones Espirituales Para la Guerra Espiritual.* Desgraciadamente, algunos teólogos insisten en que los dones espirituales han cesado en los tiempos modernos, pero este libro demuestra, tanto bíblicamente como experimentalmente, que el Espíritu Santo está activo y moviéndose milagrosamente en las vidas de los que creen. Si quiere activar los dones espirituales en su vida, tiene que leer este libro.

—*Daniel King*
www.kingministries.com
Tulsa, Oklahoma

A diferencia de la mayoría de los libros acerca del Espíritu Santo, llenos de la historia de Espíritu Santo, *Dones Espirituales Para la Guerra Espiritual* le lleva al interior de la mente de Dios, como si fuera una novela de intriga de Tom Clancy. Con una hábil claridad, aprenderá, experimentará y encontrará unas nuevas ganas de caminar y operar en el poder del Espíritu Santo. Este libro animará a los recién llegados a la fe a aprender acerca del Espíritu Santo, y fortalecerá a los que un día caminaron en intimidad con el Espíritu Santo para volver a hacerlo. Este es un libro apasionante, sincero y preciso, lleno de una excelente revelación, que todo cristiano debería añadir a su biblioteca personal.

—*David Gonzalez*
Pastor, escritor, teleevangelista y teólogo.
David Gonzalez Ministries
Wisconsin Dells, Wisconsin

Lo que opina la gente acerca de
Dones Espirituales Para la Guerra Espiritual...

En cuanto comencé a leer *Dones Espirituales Para la Guerra Espiritual* me sentí como un niño que acaba de recibir su juguete favorito para su cumpleaños. No podía dejar de leer, y leer, un capítulo tras otro, ¡sin parar! Tuve la bendición de poder ser iluminado sobre muchas revelaciones poderosas acerca de los dones del Espíritu Santo. Con un gran don para la enseñanza, Tom Brown extrae verdades maravillosas y liberadoras con una simplicidad única, de modo que cualquiera que lea este libro podrá entenderlo y beneficiarse grandemente de su lectura. Recomiendo mucho este libro a todos los cristianos serios y a todo aquel que desee experimentar los dones del Espíritu Santo ¡y una vida de victoria sobre todas las tácticas del enemigo!

—*Dr. Gordon-John Manchè*
Pastor principal de River of Love Christian Fellowship, Malta
(EEUU)
Director General de Nations for Christ Ministries International
www.nationsforchrist.org

En *Dones Espirituales Para la Guerra Espiritual*, Tom Brown presenta a la iglesia cristiana una obra importante. Este libro ofrece unas herramientas claras, manejables y fáciles de entender para liberarse, de una vez por todas, de las trampas de Satanás. Ofrece ejemplos de la vida real de personas como usted y yo, así como armas bíblicas para ayudarle a derrotar al enemigo. Recomiendo mucho esta importante contribución y fresca perspectiva para la biblioteca global de la guerra espiritual.

—*Dr. Steven Swisher*
Presidente de Swisher Evangelistic Association, Inc.
Director Ejecutivo de Believers Stand United
Pastor principal de la iglesia Epiphany United Methodist,
Cincinnati, Ohio

Con un tremendo éxito y experiencia espiritual, Tom Brown seduce eficazmente a los lectores a que sintonicen con el poder del Espíritu Santo a fin de lograr que los dones fluyan.

—*Chas Stevenson*
Pastor de la iglesia Houston Faith, Houston, Texas

Conozco a Tom Brown desde hace muchos años. Le considero un pastor experimentado, un hombre de Dios, un maestro ungido y un buen amigo. Por eso recomiendo su último libro, *Dones Espirituales Para la Guerra Espiritual*. No escribo de manera rutinaria recomendaciones para libros; me tiene que gustar y tengo que valorar el tema del libro. Con su escritura, Tom me hace pensar y estudiar la Palabra de Dios. Él ha pasado mucho tiempo estudiando y documentando estos temas tan extremadamente importantes, temas que a menudo se dejan de lado en muchas de nuestras iglesias modernas. Particularmente me gusta mucho su trato tan profundo de los temas del bautismo en el Espíritu Santo y hablar en lenguas, y los beneficios que aportan. Este libro llena un vacío en gran parte de la enseñanza existente en la iglesia actual, ya que aporta verdades que se necesitan desesperadamente sobre estos temas tan relevantes e importantes del Nuevo Testamento.

—Dr. Col Stringer
Presidente de International Convention of Faith Ministries
Australia
Robina, Queensland, Australia

DONES ESPIRITUALES *para la* GUERRA ESPIRITUAL

TOM BROWN

WHITAKER HOUSE

Traducción al español realizada por:
Belmonte Traductores
Manuel de Falla, 2
28300 Aranjuez
Madrid, ESPAÑA
www.belmontetraductores.com

DONES ESPIRITUALES PARA LA GUERRA ESPIRITUAL:
Publicado también en inglés bajo el título: *Spiritual Gifts for Spiritual Warfare*

ISBN: 978-1-62911-306-7
eBook ISBN: 978-1-62911-307-4
Impreso en los Estados Unidos de América

© 2015 por Tom Brown

Whitaker House
1030 Hunt Valley Circle
New Kensington, PA 15068
www.whitakerhouse.com

Por favor, envíe sugerencias sobre este libro a: comentarios@whitakerhouse.com.

1 2 3 4 5 6 7 8 9 10 11 ⨆⨆ 22 21 20 19 18 17 16 15

ÍNDICE

SATANÁS TEME AL ESPÍRITU SANTO

El capitán Aaron Johnson[1] condujo cientos de kilómetros para reunirse conmigo en mi iglesia en El Paso, Texas. Vestía impecablemente de verde caqui por completo. La cruz en su solapa derecha indicaba que era capellán. Acudió a verme en busca de guía y oración, y me contó una historia fantástica.

Se crió en un hogar de padres bautistas del sur, y aunque asistían a la iglesia todos los domingos, la realidad de Cristo y su enseñanza no habían influenciado a su familia. A los ocho años de edad encontró pornografía, y rápidamente se hizo adicto a ella. Cuando cumplió dieciséis, sin embargo, sintió que Dios le llamaba al ministerio. Después de la secundaria asistió al Seminario Bautista del Sur y aprendió una buena teología básica. Por primera vez, sus ojos fueron abiertos y llegó al conocimiento de la salvación. Fue en el seminario donde nació de nuevo y fue bautizado.

Aunque Aarón había aprendido acerca de la salvación en la escuela, no sabía nada del bautismo del Espíritu Santo o de la guerra espiritual real. Ciertamente, Satanás era mencionado, pero él no había aprendido a usar los dones del Espíritu contra

---

1. Nombre ficticio.

su archienemigo. De hecho, había oído muchas veces que ciertos dones espirituales ya no estaban operativos en las vidas de los creyentes. Además, los dones que *sí* existían, con frecuencia se describían secularmente en vez de bíblicamente. No tenía un entendimiento práctico de la guerra espiritual y cómo los dones del Espíritu se podían usar para ganar batallas contra Satanás.

Durante su tiempo en el seminario, Aarón conoció a su esposa. Ella quería ser misionera; hacían buena pareja. Se casaron un año después de que Aarón fuera salvo. Finalmente, él se hizo capellán y fue padre de dos hijos. Las cosas parecían ir bien hasta que fue destinado a Afganistán. Fue allí donde comenzó de nuevo a engancharse a la pornografía y su personalidad comenzó a cambiar.

Cuando Aarón regresó a casa, su esposa inmediatamente se dio cuenta de que su esposo había cambiado para peor. Tenía arrebatos de ira frecuentemente y le costaba controlar los nervios. Tras años de soportar los ataques de ira de su esposo, la esposa de Aarón perdió la paciencia y solicitó el divorcio.

Solo y desconcertado, Aarón consideró seriamente suicidarse. Solo su temor de Dios le impidió cometer este acto egoísta y desesperado. Sin embargo, le torturaban sus pensamientos. ¿Por qué había cambiado tan drásticamente? ¿Cómo podía deshacerse de su enojo y su adicción a la pornografía? Aarón no conocía nada lo suficientemente fuerte para romper las ataduras de pornografía, enojo, pensamientos suicidas y su personalidad controladora.

Cuando ninguno de los ministros bautistas a los que consultó fue capaz de ayudarlo, Aarón acudió a una pareja de capellanes pentecostales. Sin confesar su adicción, les contó a los capellanes lo de su enojo, personalidad controladora y el proceso de divorcio con su esposa. Cuando los capellanes pentecostales comenzaron a orar por él, uno de ellos dijo: "Está metido en la pornografía y ha abierto una puerta para que otros demonios vengan a su vida. No solo usted, sino que también su hijo está en la pornografía. Hay una maldición generacional de pornografía en su familia".

Cuando Aarón oyó eso, reconoció la verdad. No había confesado su adicción a la pornografía que comenzó en su infancia. Pero Dios ya sabía eso y se lo reveló al capellán, no para exponer y humillar a Aarón sino para liberarlo. Aarón confesó que era cierto.

Los capellanes comenzaron a orar liberación sobre él, y de inmediato un espíritu maligno comenzó a causar un gran dolor en su estómago. Aarón dijo que fue el peor dolor físico que había experimentado jamás. En cuanto el espíritu salió de él, el dolor cesó; pero un segundo espíritu hizo lo mismo, causando incluso más dolor que el primero. Cuando él pensó que ya no podía soportar más, un tercer espíritu se manifestó y el dolor aumentó. Enseguida, un cuarto espíritu se manifestó y el dolor se volvió casi insoportable. Finalmente, un quinto y último espíritu le habló a Aarón en una voz que parecía la de una mujer, diciendo: "Yo soy el que manda aquí. No me quiero ir". Sin embargo, se fue. Finalmente, él fue liberado por completo.

Aarón me dijo que desde su liberación ocurrida hacía seis meses, no había tenido el deseo de volver a ver pornografía, y sus sentimientos de ira habían desaparecido. Durante la semana previa, había sido lleno del Espíritu Santo y había hablado en lenguas por primera vez.

Dijo: "He leído dos de sus libros acerca de la guerra espiritual, y soy nuevo en todo esto, pero estoy convencido de que fui genuinamente liberado. Tan solo quiero asegurarme de que no queda ningún demonio en mí. Me siento un poco aturdido con todo esto. ¿Piensa que soy libre?".

Le dije que no discernía que hubiera ningún otro espíritu dentro de él, pero que sus sentimientos de confusión podrían deberse a las secuelas de la guerra. Usando su trasfondo militar para crear una analogía, le dije: "Los aliados expulsaron al enemigo de la ciudad, pero la ciudad aún tiene un daño residual. La victoria no arregló enseguida todos los daños del enemigo. Lo mismo te ocurre a ti, Aarón. Ahora debes reedificar tu vida con la Palabra de Dios y mediante el poder del Espíritu".

Ahora que había experimentado personalmente la guerra espiritual, Aarón tenía que conocer los dones del Espíritu, para poder usarlos como armas contra Satanás. Le animé a usar su nuevo conocimiento para ayudar a otros a ser liberados del poder de Satanás.

De eso trata este libro. Este libro contiene lo que yo le habría enseñado a Aarón si hubiera tenido el tiempo de hacerlo. Trata de sus armas de guerra. En mis libros anteriores me he enfocado en conocer al enemigo, lo cual es esencial, ya que cualquier soldado debe entender a su oponente. Sin embargo, también debe conocer todas las armas que hay a su disposición. En este volumen, me enfocaré en su Amigo y Ayudador, el Espíritu Santo, y las armas que Él le ha dado para poder usar contra Satanás. Estas armas se llaman los dones del Espíritu.

Algo que he aprendido durante tres décadas de echar fuera demonios es esto: Satanás teme al Espíritu Santo. El Espíritu Santo lo era todo para Jesús. Él dijo: *"En cambio, si expulso a los demonios por medio del Espíritu de Dios…"* (Mateo 12:28). Jesús no expulsaba demonios en virtud de su deidad. Si lo hubiera hecho, no habría esperanza de que nosotros pudiéramos expulsar a Satanás de nuestras vidas y de las vidas de nuestros seres queridos. En cambio, Jesús dependía del poder del Espíritu para llevar a cabo su poderoso ministerio de exorcismo, y puso a disposición de usted ese mismo poder. ¡Usted tiene los mismos dones que usó Jesús!

Solo el Espíritu Santo puede expulsar espíritus demoniacos. Ningún poder humano puede derrotar a Satanás; ya que es un espíritu sin ley, solamente el buen Espíritu puede derrotarle. Usted no tiene que ser totalmente bueno para vencerle, pero sí tiene que depender de la ayuda del Espíritu Santo para que le ayude. Y el Espíritu le dará dones para derrotar a Satanás.

Antes de comenzar a enseñar sobre los dones del Espíritu, debe saber cómo Satanás intentará derrotarle a usted. Primero, intentará engañarle; pero con la sabiduría y el conocimiento que Dios da, usted puede descubrir sus engaños. Segundo, intentará desanimarle. Satanás le lanzará muchas pruebas a su camino para convencerle de que abandone. Pero mediante el poder del Espíritu, puede superar cada obstáculo. Tercero, intentará tentarle. Le seducirá con varias tentaciones para mantenerle enganchado a sus ataduras. Él quiere hacerle un esclavo. Pero mediante la obra del Espíritu Santo obrando en usted, puede evitar el pecado diciendo no a la tentación.

Otra razón por la que he escrito este libro es para mostrarle que no está usted solo. Tiene al Ayudador que le ayudará a vencer a Satanás. No se alarme por las artimañas del enemigo. No importa con qué le haya bombardeado Satanás, hay un Espíritu mayor dentro de usted.

Sabemos que Satanás es *"el que gobierna las tinieblas, según el espíritu que ahora ejerce su poder en los que viven en la desobediencia"* (Efesios 2:2). Sin embargo, el Espíritu Santo es el nuevo Gobernante del alma del cristiano, y Él es un Espíritu mayor dentro de nosotros que vence a Satanás obrando en los que obedecen a Cristo. Usted tiene que conocer todas las armas que Dios le ha dado para vencer a Satanás; *"porque el que está en ustedes es más poderoso que el que está en el mundo"* (1 Juan 4:4). El primer pronombre *"el"* no es una referencia a Cristo o a Dios Padre; aquí, Juan se refiere al Espíritu Santo. Muchos creyentes saben mucho acerca de Cristo y de su Creador, pero no piensan mucho en el Espíritu Santo. Por eso muchos son derrotados.

Espero que lea este libro en oración y permita que el Espíritu Santo le muestre las armas de su guerra espiritual. Que Dios le bendiga mientras se embarca en el fabuloso estudio de descubrir los dones del Espíritu Santo.

INTRODUCCIÓN

AYUDADOR

Y yo le pediré a Dios el Padre que les envíe al Espíritu Santo,
*para que siempre los **ayude** y siempre esté con ustedes.*
—Juan 14:16 (TLA)

Esta es la descripción perfecta del trabajo del Espíritu Santo! Él está ahí para ayudarle. ¡Esto implica que usted *sí* necesita ayuda! No podemos vivir el estilo de vida que Dios quiere que vivamos sin su ayuda divina.

Dios no solo perdonó nuestros pecados, escribió nuestros nombres en el cielo y luego dijo: "Intenten vivir para mí lo mejor que puedan". ¡No! Él sabe que somos incapaces de agradarle por mucho que nos esforcemos, así que nos hizo un precioso regalo: el Espíritu Santo. Así como no podemos salvarnos sin Cristo, tampoco podemos vivir una vida salvada sin el Espíritu Santo. A lo que me refiero con el término *vida salvada* es a la vida que Dios quiere que vivamos como personas salvas que somos: muertos al pecado, vivos para Dios y victoriosos en esta vida. (Véase Romanos 6:11). Dios no quiere que sigamos viviendo como lo hacíamos antes de nuestra salvación, y la salvación solamente no nos capacita para vivir la vida sobrenatural. Necesitamos al Espíritu Santo.

El Espíritu Santo nos ayuda para que nosotros, sus hijos, podamos vivir de manera sobrenatural. Dios no quiere que vivamos vidas naturales, normales. Él quiere que vivamos por encima de lo normal, por encima de lo natural. Y esto es posible mediante el Espíritu Santo.

Como un Ayudador, el Espíritu Santo contribuirá con fuerza y medios mediante los cuales podamos ganar batallas; nos ofrece asistencia y coopera eficazmente con nosotros. Él no trabaja en solitario sino con nosotros.

Esto es algo muy distinto a la obra de redención de Cristo. Cristo no necesitó nuestra ayuda para quitar los pecados del mundo; no necesitó nuestra ayuda para retirar la piedra del sepulcro en su resurrección; más bien, ¡lo hizo Él solo![2]

A diferencia de Cristo, quien logró Él solo la redención para nosotros en la cruz mediante su resurrección, el Espíritu Santo lleva a cabo su obra con nosotros y a través de nosotros. Él nunca trabaja solo. Él se une a nosotros para derrotar a Satanás.

Por ejemplo, si usted necesita ayuda para levantar un sofá y un amigo viene a ayudarle, usted no se iría de la habitación y esperaría a que su amigo moviera el sofá solo; más bien, usted se pondría en un extremo del sofá y su amigo en el otro, y juntos moverían el sofá. Así es como nos ayuda el Espíritu Santo. Él contribuye con algo sobrenatural a nuestros esfuerzos para que podamos llevar a cabo la obra divina, recibir la victoria y convertirnos en la persona que Dios quiere que seamos. Pero Él no hará esta obra solo; Él necesita nuestra cooperación.

Por eso necesitamos más enseñanza sobre el Espíritu Santo. Debemos conocer nuestra función y nuestro papel en la cooperación y colaboración con su obra. Muchas veces, el Espíritu se ve obstaculizado por nuestra falta de discernimiento y cooperación. Este libro le enseñará cómo cooperar con el Espíritu Santo, para que la perfecta voluntad de Dios se lleve a cabo en su vida.

---

2. En el ministerio terrenal de Cristo, Él ayudó a las personas con sus enseñanzas y milagros. Sin embargo, en su muerte sustitutoria en la cruz, sufrió en soledad. El hombre no aportó nada positivo a la muerte redentora y la resurrección de Cristo.

Tres áreas de ayuda

Hay tres áreas principales en las que el Espíritu Santo nos ayuda. Estas tres áreas son como árboles, ramificándose en muchas direcciones distintas. Básicamente, el Espíritu Santo le hace ser más inteligente, más fuerte y mejor.

Le hará más inteligente

*El Espíritu del Señor reposará sobre él: espíritu de **sabiduría** y de **entendimiento**, espíritu de **consejo** y de poder, espíritu de **conocimiento** y de temor del Señor.*   (Isaías 11:2)

Observemos las cuatro áreas en las que el Espíritu Santo trabaja: (1)*"sabiduría"*, (2) *"entendimiento"*, (3) *"consejo"*, y (4) *"conocimiento"*. Esta es la principal ayuda que proporciona el Espíritu Santo. Si una persona crece en sabiduría, tendrá un matrimonio y una familia más exitosos, una empresa, carrera y ministerio más rentable, una vida social y cívica mejor, y mucho más. Veamos los beneficios de la sabiduría: *"Con la mano derecha ofrece larga vida; con la izquierda, honor y riquezas"* (Proverbios 3:16). La sabiduría lleva consigo larga vida, riquezas y honor. Cuando usted obtiene sabiduría, obtiene descanso. Es como la historia de un niño llamado Johnny que se sentó en el regazo de Santa Claus. Santa le hace la típica pregunta: "Johnny, ¿qué te gustaría recibir estas Navidades?". Johnny piensa por un momento en lo que quiere, y luego sorprende a Santa, diciendo: "Quiero, eh, eh...te quiero a *ti*, Santa". El niño se da cuenta de que si tiene a Santa, hereda el Polo Norte y todos los elfos que trabajan para él. Sabe que Santa tiene todos los regalos. Si consigue al dador de los regalos, consigue *todos* los regalos.

Eso es sabiduría. Cuando ustedobtiene sabiduría, junto a ella obtiene también larga vida, riquezas y honor. Salomón incluso dijo que la sabiduría *"es de más provecho que la plata y rinde más ganancias que el oro"* (Proverbios 3:14). Muchas personas están buscando grandes beneficios por sus inversiones. Pues bien, la sabiduría otorga el mayor beneficio, interés y dividendos.

¿Dónde conseguimos esta verdadera sabiduría? La inteligencia humana es parte de ella, pero por sí sola no puede ayudarnos a tomar sabias decisiones. Es aquí donde interviene el Espíritu Santo. Él nos da una sabiduría con la que no nacemos. Él nos hace más inteligentes de lo que somos por naturaleza. Nos aporta capacidad cerebral adicional.

La gente ha comentado lo inteligente que soy. Alguien dirá: "Me apuesto algo a que estabas en el diez por ciento más alto de tu clase". La verdad es que estaba en la parte de la clase que hacía posible que existiera el diez por ciento. No había nada especial en mí en la escuela. Sin embargo, Dios me ha dado sabiduría sobrenatural que me ha permitido formar una gran iglesia, cerrar tratos empresariales, escribir libros, ser mi propio administrador de la web de un sitio enorme de Internet, y producir programas de televisión retransmitidos en las mejores redes. Además, Dios me dio el honor de dirigir una exitosa iniciativa en mi ciudad para refrenar una agenda homosexual muy radical. Pude hacer eso solamente con el *"favor de Dios y de toda la gente"* (Lucas 2:52). Católicos, protestantes y mormones trabajaron conmigo para aprobar esa ordenanza. ¿Por qué estos grupos religiosos quisieron trabajar con un loco carismático como yo? Sabiduría. La sabiduría dada por Dios me permitió ir más allá de mi inteligencia humana y obtener favor en mi comunidad. Esta sabiduría no es algo de lo que nadie puede alardear, porque viene de Dios.

Salomón también entendió cuál era la fuente de su sabiduría. Cuando dos mujeres afirmaban ser la madre de su hijo, él, sin la ayuda de muestras de ADN, fue hábil en lo que decidió. Sabiendo que la verdadera mamá haría cualquier cosa por salvar a su hijo, Salomón dijo: *"Partan en dos al niño que está vivo, y denle una mitad a ésta* [madre] *y la otra mitad a aquella*" (1 Reyes 3:25). Inmediatamente la verdadera madre dijo: "*¡Por favor, Su Majestad! ¡Dele usted a ella el niño que está vivo, pero no lo mate!* (versículo 26). La otra mujer pensó que esta propuesta era justa. (Véase versículo 26). Salomón, en ese instante, supo quién era la madre, y le entregó el bebé a la mujer que estaba dispuesta a perder el niño a fin de salvar su vida."*Cuando todos los israelitas se enteraron de la sentencia que el rey había pronunciado, sintieron un gran respeto por él, pues vieron que tenía sabiduría de Dios para administrar justicia*" (versículo 28). El pueblo reconoció la verdadera fuente de sabiduría de Salomón:"*sabiduría de Dios*" (versículo 28).

Salomón nació sin ser más inteligente que cualquier otra persona promedio, pero cuando oró y pidió sabiduría, recibió sabiduría sobrenatural para gobernar excepcionalmente sobre el pueblo de Dios.

¿Y usted? ¿Cree que se podría beneficiar de la sabiduría dada por Dios? ¡Por supuesto que sí! Y yo intentaré ayudarle a entender cómo recibir la sabiduría que el Espíritu Santo quiere impartirle.

Le hará más fuerte

Isaías llamó a esta habilidad el "*espíritu de…poder*" (Isaías 11:2). Poder es la Palabra de Dios. Poder es habilidad sobrenatural. Usted necesita esta habilidad para compartir la Palabra, para ser un buen cónyuge, para amar a sus enemigos, para ser victorioso, y para hacer lo que Dios le llame a hacer. La buena noticia es que no tiene que confiar en sus fuerzas para hacer esto. El Espíritu Santo ha venido para capacitarle a fin de que sea más fuerte de lo que imagina.

Todos tenemos habilidades naturales, pero esas habilidades solo nos pueden llevar hasta una cierta distancia; cuando tenemos al Espíritu Santo, tenemos habilidades mayores e incluso sobrenaturales. Necesitaremos esas habilidades sobrenaturales para derrotar a nuestro enemigo sobrenatural: Satanás. Nuestra fuerza natural no será rival para el poder sobrenatural de Satanás, por eso el Espíritu Santo nos da un poder sobrenatural para vencer al poder de Satanás.

En la película *En busca del arca perdida*, el héroe, Indiana Jones, se vio ante un enemigo muy hábil en el uso de un machete enorme. El enemigo sonrió con aires de superioridad al mostrar su precisión con el arma. Aunque Indiana Jones también tenía un machete, estaba claro que su oponente le superaba. Entonces Indiana Jones sonrió. ¿Por qué no estaba preocupado? Para sorpresa de todos, Indiana Jones sacó un revolver y disparó a su enemigo. En ese caso, una pistola supera a un machete.

Podemos relacionar esto con la guerra espiritual. El diablo tiene poder y nosotros tenemos poder; y él es mucho más fuerte y hábil usando su poder que nosotros, en lo natural. Pero cuando Dios nos da armas espirituales que superan a las armas de Satanás, podemos derrotarle, ¡de una vez por todas!

Permítame darle un ejemplo de la Biblia. Sansón era israelita. Hay imágenes suyas que le retratan como un culturista. Sin embargo, ningún culturista puede despedazar a un león solamente con sus manos. ¿Cómo fue él capaz de hacerlo? *"Pero el Espíritu del Señor vino con poder sobre Sansón, quien a mano limpia despedazó al león como quien despedaza a un cabrito"* (Jueces 14:6). Los grandes músculos de Sansón no produjeron su hazaña sobrenatural de despedazar a un león solamente con sus manos. La Biblia dice que pudo hacerlo porque *"el Espíritu del Señor vino con poder sobre Sansón"*. Sin el Espíritu, usted tiene fuerzas para hacer ciertas cosas; sin embargo, ¡con el Espíritu Santo puede hacer cosas sobrenaturales!

Uno de los dones espirituales más emocionantes y beneficiosos es el don de sanidad.

A cada uno se le da una manifestación especial del Espíritu para el bien de los demás. A unos Dios les da por el Espíritu palabra de sabiduría; a otros, por el mismo Espíritu, palabra de conocimiento; a otros, fe por medio del mismo Espíritu; a otros, y por ese mismo Espíritu, dones para sanar enfermos.

(1 Corintios 12:7–9)

Los primeros dos dones, sabiduría y conocimiento, son principales. Están relacionados con lo que tratamos previamente acerca de hacerle más inteligente. Sin embargo, el cuarto don de la lista es el don de sanar. Ahora bien, ningún ser humano tiene la capacidad de sanar a otra persona. Pero con el poder del Espíritu Santo, usted, como Sansón, puede hacer algo extraordinario: ¡sanar a otros!

Yo puedo dar fe del don de sanidad en mi vida. He visto muchas personas sanadas simplemente mediante mi toque y una sencilla oración. Algunos nos miran a mí y a otros que tienen este don como si estuviésemos desconectados de la realidad. Se burlan solo al pensar que alguien pueda sanar a otros mediante la imposición de manos. Entiendo el escepticismo de la gente porque, en lo natural, nadie tiene este poder. Pero el Espíritu Santo ha venido para impartir este don al pueblo de Dios.

La gente se acerca a mí y me dice: "Vamos, obispo. Sea sincero. Usted nunca ha visto realmente a nadie ser sanado mediante sus oraciones". Pero puedo decir sinceramente que sí, lo he visto.

Hay un domingo en particular que me viene siempre a la memoria. Un oficial de policía herido se acercó a mí con su andador. Impuse sobre él mis manos y declaré una palabra de fe: "Usted puede caminar en el nombre de Jesús". Entonces él me entregó el andador y comenzó a caminar por sí solo. No soy escéptico, pero me maravillo del poder de Dios. La gente en la iglesia estaba saltando al ver este milagro con sus propios ojos. El oficial estaba llorando de alegría al ser verdaderamente sanado.

La siguiente persona en la línea tenía muletas. Impuse sobre él mis manos y dije: "Bueno, usted acaba de ver lo que Dios hizo con el primer hombre. ¿Y usted? ¿Cree que necesita las muletas?". Con gozo y sin dudarlo, me entregó las muletas y caminó y corrió sin mostrar ni rastro de su lesión. La congregación estaba desbordada de gozo al ver dos milagros, uno tras otro.

Yo soy testigo de estas dos sanidades. Se podría discutir que una persona pudiese caminar sin muletas o andador, pero ¿dos milagros seguidos? Yo seré el primero en decirle que no puedo sanar a nadie en mi propio poder. Por fortuna, no estoy viviendo en mi propio poder sino en el poder del Espíritu Santo.

En este libro, quiero que descubra los dones que el Espíritu Santo quiere darle, y le enseñaré cómo orar por esos dones, esperarlos y activarlos.

Le hará mejor

¿Desea ser una mejor persona? ¿Le gustaría ser más amoroso y preocuparse más por los demás? ¿Qué le parecería ser paciente y amable? Quizá solo quiera ser una buena persona. Bueno, eso es lo que hará por usted el Espíritu Santo. Él le hará ser una mejor persona. Será más excelente, más apto y más favorable, muy distinto a su carácter pasado. El Espíritu Santo le mejorará. Él mejora su vida. La Biblia llama a esta mejoría "santidad". El Espíritu se llama Santo por algo. La santidad es lo contrario al pecado. Cuando el Espíritu viene a la vida de una persona, le hace santo. Isaías le llamó el *"Espíritu de…temor del Señor"* (Isaías 11:2). El temor del Señor nos inspira a vivir vidas santas.

Todo cristiano salvo batalla con el pecado, ya sean adicciones, hábitos o compulsiones. Muchos cristianos batallan con la glotonería, el alcohol, la pornografía, la ira, los celos, la avaricia y otros vicios. Estos pecados son difíciles de eliminar de la vida de una persona, y muchos se preguntan si podrán, y cuándo, ser capaces de vencer estas depravaciones. Por usted mismo no puede, pero con la obra santificadora del Espíritu, sí puede.

Tras sufrir una resaca, el expresidente George W. Bush dejó de beber: cortó en seco. A pesar de ser un gran bebedor la mayor parte de su vida, puso un fin radical a sus días como bebedor. ¿Cómo fue posible? Bush afirma que Dios le dio las fuerzas para vencer su problema con la bebida. Fue el Espíritu Santo en la vida de George Bush quien le santificó de su hábito malsano.

Los expertos insisten en que para recuperar a los alcohólicos se necesita terapia. Aunque estoy feliz por los que han dejado de beber mediante la ayuda de una terapia, hay otro Ayudador que puede hacer que la gente deje de beber. Es el Espíritu Santo, y Él nos da el poder para vivir en santidad.

Alcohólicos Anónimos anima a los alcohólicos recuperados a admitir que no tienen poder en sí mismos para dejar de beber. Les enseña a enfocarse en un "poder superior". Bueno, el poder superior tiene nombre: el Espíritu Santo. Cuando usted se enfoca en el poder de Dios, descubre que tiene más fuerza que la que tenía por sí mismo. El Espíritu Santo le ayudará a vivir una vida mejor.

Lo que este libro hará por usted

Mi intención es ayudarle a entregarse al Espíritu Santo, para que pueda vivir la vida plena en el Espíritu. Lo primero que este libro le mostrará es la importancia de experimentar el bautismo en el Espíritu Santo. Sin este bautismo del Espíritu, estará limitado en cuanto a lo mucho que el Espíritu Santo puede ayudarle. Segundo, le enseñará cómo recibir el Espíritu Santo en su vida. Tercero, este libro señalará las distintas formas en que el Espíritu Santo puede trabajar en su vida. Cuarto, este volumen le enseñará a reconocer y activar los diversos dones en su vida.

Cómo está organizado este libro

Este libro está dividido en dos secciones. La primera sección trata sobre la importancia del bautismo en el Espíritu y por qué un cristiano debe experimentarlo después de su conversión. Sin recibir el bautismo en el Espíritu, no recibirá todo el espectro de dones del Espíritu. Por eso, he dedicado toda una sección al bautismo en el Espíritu, para ayudarle a entender la importancia de este don.

La segunda sección trata los nueve dones del Espíritu mencionados en 1 Corintios 12. El libro concluye con una sección sobre el fruto del Espíritu, el cual debe acompañar a los dones.

Prepárese para experimentar el mover del Espíritu Santo.

PARTE 1

EL BAUTISMO EN EL ESPÍRITU SANTO

UNO

LA VENIDA DEL ESPÍRITU SANTO

Cuando llegó el día de Pentecostés, estaban todos juntos en el mismo lugar. De repente, vino del cielo un ruido como el de una violenta ráfaga de viento y llenó toda la casa donde estaban reunidos. Se les aparecieron entonces unas lenguas como de fuego que se repartieron y se posaron sobre cada uno de ellos. Todos fueron llenos del Espíritu Santo y comenzaron a hablar en diferentes lenguas, según el Espíritu les concedía expresarse.
—Hechos 2:1-4

El mayor acontecimiento en la historia de la humanidad no es el nacimiento de Cristo, o su muerte, o su resurrección; el mayor acontecimiento de la historia es Pentecostés. Claro, no estoy restándole importancia a la obra de Cristo, porque sin su obra, el Espíritu Santo no podría venir. Mi punto es que la obra de Cristo fue para hacer posible la obra del Espíritu Santo. Después de que Cristo lograra todo aquello para lo que fue enviado, Dios envió al Espíritu. *"Hasta ese momento el Espíritu no había sido dado, porque Jesús no había sido glorificado todavía"* (Juan 7:39).

Dios llevó a cabo la redención mediante su Hijo para poder dar poder a sus hijos. Si la redención misma fuera el único propósito del plan de Dios, entonces simplemente seríamos pecadores perdonados pero atados aún por el pecado. Simplemente seríamos personas normales perdonadas. Pero la intención de Dios era cambiarnos radicalmente, y Él hace eso en nuestras vidas mediante la obra del Espíritu. Con el Espíritu Santo, y sus dones obrando en nuestras vidas, podemos vivir en lo sobrenatural. Satanás vive en lo sobrenatural, así que necesitamos el don sobrenatural del Espíritu Santo para vivir como Dios quiere que vivamos: ¡venciendo el pecado!

El Dios olvidado

Francis Chan llama al Espíritu Santo "el Dios olvidado". Quizá esta frase suene demasiado fuerte, pero tiene mucha razón. Muy frecuentemente, la iglesia sabe mucho acerca de Dios y de su Hijo Jesús, pero se piensa poco en la tercera persona de la Trinidad. Casi es alguien olvidado.

No es solo la iglesia contemporánea la que descuida al Espíritu Santo, sino que la tradición del pasado también muestra un verdadero descuido del Espíritu Santo. Por ejemplo, en el famoso Credo de los Apóstoles se le da mucha atención a Dios el Creador e incluso más atención al Hijo, pero el credo le dedica tan solo unas breves palabras al Espíritu: *"Credo in Spiritum Sanctum"* o "Creo en el Espíritu Santo", y *"Dominum nostrum, qui conceptus est de Spiritu Sancto"*, o "Señor nuestro, que fue concebido del Espíritu Santo". No se explica su obra o ministerio, o quién o qué es Él.

No fueron solo nuestros padres apostólicos los que descuidaron al Espíritu Santo, sino también la iglesia en general a lo largo de la historia dela cristiandad. Pensemos en las fiestas cristianas. Todo el mundo celebra por todo lo alto el nacimiento de Cristo en Navidad, y con razón. Después está Semana Santa, donde celebramos su sacrificio y nuestra redención. Las iglesias están llenas durante estas fiestas. Pero cincuenta días después, pocos cristianos piensan en el domingo de Pentecostés. Pentecostés, desgraciadamente, se ha convertido en el hijastro de las fiestas cristianas. Sabemos que está ahí pero no le prestamos mucha atención. No es de extrañar que la iglesia parezca estar falta de poder. Pentecostés es la venida del Espíritu Santo al mundo en el mismo sentido en que Cristo vino al mundo. Dios Padre, Cristo el Hijo y el Espíritu siempre han existido. El Espíritu estaba presente y activo en las vidas de los santos del Antiguo Testamento pero estaba limitado en su obra. Pentecostés marca el comienzo de su ministerio completo.

Pentecostés debería tener el mismo peso que otras fiestas cristianas entre los cristianos. Debería reconocerse y celebrarse haciendo regalos, porque el Espíritu también da dones. Sin Pentecostés, la Navidad, Semana Santa, la encarnación y la resurrección perderían su verdadero sentido y significado.

El ingrediente que falta

Yo inventé la receta de una deliciosa sopa de tortilla. La nombraron la sopa de tortilla número uno en Google durante siete años seguidos. Ya la han superado otras recetas de sopas pero, en mi humilde opinión, sigue siendo la mejor receta. Muchos han hecho mi sopa. Cuando mi madre intentó hacerla por primera vez, me llamó, y me dijo: "Tom, algo le pasa a la sopa. No sabe como la tuya".

"Bueno, te falta un ingrediente", dije. "Repasémosla de nuevo. Le pones tomates y cilantro, ¿verdad?".

"Sí".

"¿Te acordaste de los pimientos chipotle?".

"Por supuesto, me acordé de ellos. Ese es el secreto de la receta".

"Bien", proseguí, "imagino que pusiste la cebolla".

Mi mamá gritó. "¡Ah! ¡No me puedo creer que se me olvidara la cebolla! Es uno de los ingredientes principales".

Se le olvidó uno de los ingredientes obvios, lo cual hacía que su sopa no supiera bien. Eso es lo que les ha ocurrido a muchos cristianos. De algún modo se parecen a Cristo, pero saben que falta algo en sus vidas. Y estoy seguro de que el ingrediente que falta es el Espíritu Santo. Ah, muchas personas reconocen su existencia, pero nunca le han dejado verdaderamente entrar en sus vidas de una forma drástica como vimos que lo hizo el día de Pentecostés.

Mi experiencia

Yo crecí en una iglesia de las Asambleas de Dios, que es la denominación pentecostal más grande. Cualquiera supondría que yo realmente estaba familiarizado con el poder del Espíritu Santo, pero no lo estaba. Sí, oía hablar en lenguas y vi a algunos ministros orar por los enfermos, pero nunca experimenté al Espíritu Santo.

No fue hasta que estaba terminando la secundaria cuando le experimenté por primera vez. Asistí a un servicio por la noche en la iglesia cuando el pastor principal estaba fuera de la ciudad. El pastor asociado ocupó su lugar en el púlpito y enseñó acerca de cuando Pedro anduvo sobre el mar. Nos dijo que con el Espíritu Santo, se puede hacer lo que humanamente es imposible, que es lo que cada ministro necesita. Los ministros del evangelio no pueden cumplir el llamado de Dios a menos que reciban el Espíritu Santo. Justo entonces, hizo una pausa. La expresión de su rostro era un tanto distante, pero atenta. Dios le estaba hablando. Entonces dijo: "Dios me ha mostrado que hay dos jóvenes en esta reunión a los que Él ha llamado al ministerio. Y tienen que pasar al frente y comprometer sus vidas para el ministerio. Dios les dará el poder que necesitan para tener éxito".

El primer hombre que pasó al frente era un hombre alto y delgado llamado Timmy. Yo pensé para mí:*Sí, Timmy será un buen ministro*. Después de que pasara él al frente, nadie más avanzó por el pasillo. El ministro no iba a aceptar eso. Dijo: "Miren, Dios nunca se equivoca. Él me dijo que hay dos hombres, no uno, a quienes Él ha llamado al ministerio. Vamos, deprisa, pase al frente".

Pero no salía nadie. Yo pensé:¿Quién se está rebelando al no pasar al frente? En ese instante, el ministro dijo: "Sabía que era usted". Entonces me señaló a mí. ¿Por qué suponía él que era yo? Al mirar a mi alrededor, observé que me había levantado. No recuerdo levantarme; fue una respuesta inconsciente. Entonces pasé al frente, aún atónito ante lo que había ocurrido.

Mientras estaba de pie junto a Timmy, eché un vistazo rápido al frente de la iglesia. A mi izquierda, vi a la señora Hageman, la esposa del pastor principal, tocando el órgano. Mientras la miraba, sentí un borbotón de amor y poder fluyendo dentro de mí. De repente, me caí al piso y comencé a llorar de forma incontrolable. Allí en el piso, con mi cara boca abajo, seguí derramando mis lágrimas sobre la alfombra roja. Estoy seguro de que mucha gente antes que yo había manchado la vieja alfombra con lágrimas; pero por primera vez, yo era uno de los creyentes sinceros que habían recibido un toque de Dios.

No era consciente del tiempo, pero después supe que estuve en el piso durante más de una hora. Cerca ya de dejar de llorar, oí claramente este versículo en mi mente: "*Y fueron todos llenos del Espíritu Santo, y comenzaron a hablar en otras lenguas, según el Espíritu les daba que hablasen*" (Hechos 2:4, RVR-1960). En ese instante, me di cuenta de que estaba experimentando el bautismo en el Espíritu del que Jesús les había hablado a sus discípulos: "*No se alejen de Jerusalén, sino esperen la promesa del Padre, de la cual les he hablado: Juan bautizó con agua, pero dentro de pocos días ustedes serán bautizados con el Espíritu Santo*" (Hechos 1:4–5). ¡Esto era eso! Yo había experimentado el bautismo en el Espíritu Santo. Entonces se me ocurrió pensar que la prueba de que tenía el Espíritu Santo no eran las lágrimas, sino el hablar en lenguas. Y con esa sencilla revelación, abrí mi boca y hablé en lenguas por primera vez. Fue sencillo. El lenguaje no era de mi mente, sino del Espíritu Santo dentro de mí.

Después de orar en lenguas durante algún tiempo, escuché la voz de Timmy: "¡Oye, Tom!".

Sin darme cuenta de que Timmy había experimentado lo que yo había experimentado, giré mi rostro hacia mi derecha con mi cuerpo aún tirado en la alfombra. Sorprendido de que Timmy estuviera en el piso conmigo, respondí: "Sí, ¿Timmy?".

Él dijo: "No me puedo levantar del piso. Estoy pegado. Tengo curiosidad de saber si te puedes despegar del piso".

No lo había intentado antes. Había estado totalmente atrapado en lo que Dios estaba haciendo. Así que intenté levantarme, pero no podía. "No, Timmy. No puedo levantarme. Me siento como si estuviera pegado con pegamento al piso".

"Yo también. Pensaba que estaba loco, pero ahora sé que a ti también te pasa".

Así que Timmy yo nos quedamos descansando tranquilamente mientras el Espíritu de Dios obraba en nuestras vidas. Al cabo de no mucho tiempo, Timmy y yo pudimos levantarnos del piso a la vez.

No puedo explicar todo lo que me ocurrió esa noche. Pero creo que al consagrar mi vida al ministerio, Dios me dio mi propia experiencia de Pentecostés. Así como ocurrió con los primeros discípulos, yo también fui lleno del Espíritu. Creo que esta experiencia me ha dado capacidades sobrenaturales que necesitaba para pastorear una iglesia exitosa, escribir libros, predicar con poder, sanar a los enfermos y echar fuera demonios. Y usted también necesita esta experiencia.

DOS

RECIBIRÁN PODER

Pero cuando venga el Espíritu Santo sobre ustedes, recibirán poder y serán mis testigos tanto en Jerusalén como en toda Judea y Samaria, y hasta los confines de la tierra.
—Hechos 1:8

El poder es lo que marca la gran diferencia en la vida de una persona. En este pasaje, la palabra *"poder"* viene de la palabra griega *dunamis*, que es la palabra usada para *dinamita*, un poder explosivo. Una de las señales del bautismo en el Espíritu Santo es poder explosivo. Este no es un poder humano común y corriente, sino poder sobrenatural. Así como ningún humano tiene poder para demoler un edificio (para eso necesita dinamita), nosotros también necesitamos la dinamita del Espíritu Santo para demoler las obras del diablo. Poder significa capacidad. Cuando usted recibe poder, recibe capacidades que normalmente no posee.

Jesús no hizo ningún milagro hasta que recibió el Espíritu Santo en su bautismo. *"Y el Espíritu Santo bajó sobre él en forma de paloma"* (Lucas 3:22). Después de esto, pudo vencer la tentación y la prueba. *"Jesús regresó a Galilea en el poder del Espíritu, y se extendió su fama por toda aquella región. Enseñaba en las sinagogas, y todos lo admiraban"* (Lucas 4:14–15). Ahora Jesús estaba caminando en *"el poder del Espíritu"*, y con este nuevo poder, comenzó su ministerio. El pasaje que describe el lanzamiento de su ministerio trata acerca del Espíritu Santo:

Y le entregaron el libro del profeta Isaías. Al desenrollarlo, encontró el lugar donde está escrito: "El Espíritu del Señor está sobre mí, por cuanto me ha ungido para anunciar buenas nuevas a los pobres. Me ha enviado a proclamar libertad a los cautivos y dar vista a los ciegos, a poner en libertad a los oprimidos, a pregonar el año del favor del Señor".

(Lucas 4:17–19)

Jesús declaró lo que el Espíritu Santo le permitiría hacer: primero, podría *"anunciar las buenas nuevas"*. Algunas personas son naturalmente buenas para hablar; otras no lo son. Sin embargo, la primera capacidad que nos da el Espíritu es el poder para predicar y enseñar. Segundo, Él recibió el poder para liberar y sanar a los oprimidos y enfermos.

El ministerio de sanidad y liberación de Jesús lo facilitó el Espíritu Santo. Sin recibir el Espíritu, Jesús no podía realizar su ministerio designado. Es difícil comprender que sin el Espíritu, Jesús no podía sanar a los enfermos o echar fuera demonios. Pero según las Escrituras, el primer milagro de Jesús fue convertir agua en vino, lo cual ocurrió después de haber recibido el Espíritu Santo. "Ésta, la primera de sus señales, la hizo Jesús en Caná de Galilea" (Juan 2:11; véase también Juan 1:32). Este fue el primer milagro de Jesús; no hizo ningún milagro hasta después de haber recibido el Espíritu Santo.

Jesús confirmó que esta fue la razón: *"—Ciertamente les aseguro que el hijo no puede hacer nada por su propia cuenta"* (Juan 5:19). Jesús no tenía, solo por ser *"el Hijo"*, la capacidad divina de hacer milagros. Respecto a echar fuera demonios, Jesús dijo: *"Expulso a los demonios por medio del Espíritu de Dios"* (Mateo 12:28). El Espíritu Santo dio poder a Jesús para echar fuera demonios. Pedro comentó acerca del ministerio de sanidad de Jesús: *"Me refiero a Jesús de Nazaret: cómo lo ungió Dios con el Espíritu Santo y con poder, y cómo anduvo haciendo el bien y sanando a todos los que estaban oprimidos por el diablo*" (Hechos 10:38). El poder de Jesús para sanar venía del Espíritu Santo.

Así como Jesús no tenía la capacidad natural para hacer obras milagrosas en virtud de ser hijo, los cristianos tampoco tenemos la capacidad para hacer obras milagrosas en virtud de ser hijos. Los cristianos deben recibir el Espíritu Santo, y cuando lo hagan, tendrán *"poder"* para sanar, echar fuera demonios o hacer cualquier otro milagro.

Poder para sanar

Como mencioné anteriormente, antes de recibir el bautismo en el Espírituyo no había estado viviendo en santidad delante del Señor, no había hecho ningún milagro, sanado ninguna enfermedad o echado fuera demonio alguno. ¡No había hecho nada sobrenatural!

Enseguida, descubrí esta capacidad para sanar. Leí en las Escrituras que Jesús nos dice que impongamos manos sobre los enfermos y sanarán (véase Marcos 16:18), así que lo intenté. Mis familiares me dijeron que mi primo segundo Juan se había quedado ciego y que se estaba muriendo en el hospital, así que le visité. Le expliqué cómo me había hecho cristiano y que el Espíritu Santo estaba en mí y quería ayudarle a recuperarse. Le pregunté si quería que orase por él, y dijo que sí.

Me puse de rodillas, tomé la mano de mi primo, y comencé a orar. De repente, sentí un extraño poder saliendo de mis manos y entrando en mi primo. Nunca había sentido eso antes; era todo nuevo, y no podía explicarlo. Me sentí parecido a la sensación que usted experimenta cuando se le duerme una mano. Después de terminar de orar, el sentimiento se fue.

Mis familiares me hablaron de mi primo. Me preguntaron: "¿Te enteraste de lo que le ocurrió a Juan? Recuperó su vista y salió del hospital". Se había producido un milagro. Creo que mi oración tuvo algo que ver con su milagrosa recuperación.

Estoy sorprendido de cómo algunos cristianos son escépticos en cuanto al poder para sanar. El problema es que se olvidan, o nunca se han dado cuenta, de que no estamos tratando con poder humano, sino que estamos tratando con poder divino. Ningún humano tiene este poder en sí mismo; es el Espíritu Santo quien nos da este poder.

Echar fuera demonios

Puedo verificar que, como sucedió con Cristo, yo también *"expulso a los demonios por medio del Espíritu de Dios"* (Mateo 12:28). Tres grandes canales de televisión han retransmitido mi ministerio de liberación. Otros cuatro productores de televisión me han pedido si puedo hacer mi propio programa de televisión sobre exorcismos. Sin duda, todo este interés demuestra que se está produciendo algo sobrenatural. Puedo testificar que he visto a muchas personas liberadas del poder de los demonios.

El primer demonio con el que recuerdo haber tratado fue en un estudio bíblico local en mi ciudad natal. Escuché una conmoción, y junto a otros, fui a la sala donde se encontraba una mujer tirada en el piso sobre su espalda y gritando. Otros comenzaron a orar por ella, pero ella continuaba gritando obscenidades al grupo. Yo solo observaba y oraba en silencio mientras otros hacían el trabajo. Finalmente, el líder se giró hacia mí, y dijo: "Tom, ven y ayúdanos a orar". Me uní al grupo, ordenando al espíritu maligno que se fuera de la mujer. Tardó unos treinta minutos en ser finalmente liberada. Después de este incidente, me di cuenta de lo real que era el diablo y lo desesperadamente que necesitábamos el ministerio de liberación. Sí, mediante el poder del Espíritu tenemos poder para echar fuera demonios.

TRES

EL DÍA DE PENTECOSTÉS

*Cuando llegó **el día de Pentecostés**, [los discípulos] fueron*
llenos del Espíritu Santo y comenzaron a hablar en diferentes
lenguas, según el Espíritu les concedía expresarse.
—Hechos 2:1, 4

Por qué escogió Dios este día en particular para enviar su Espíritu? Para entender por qué escogió este día, debemos entender su significado. Pentecostés de hecho ocurrió el mismo día que una celebración del Antiguo Testamento llamada la fiesta de las Semanas. Este es el pasaje del Antiguo Testamento donde se menciona:

A partir del día siguiente al sábado, es decir, a partir del día
en que traigan la gavilla de la ofrenda mecida, contarán siete
semanas completas. En otras palabras, contarán cincuenta
días incluyendo la mañana siguiente al séptimo sábado;
entonces presentarán al Señor una ofrenda de grano nuevo.
(Levítico 23:15–16)

Esta celebración se llama la fiesta de las Semanas porque ocurre *"siete semanas completas"*, o cincuenta días (Pentecostés significa "cincuenta"), después de la fiesta de las Primicias. Leemos por primera vez acerca de la fiesta de las Primicias aquí:

El Señor le ordenó a Moisés que les dijera a los israelitas:
"Cuando ustedes hayan entrado en la tierra que les voy a dar,

*y sieguen la mies, deberán llevar al sacerdote una gavilla de
las primeras espigas que cosechen. El sacerdote mecerá la gavilla ante el Señor para que les sea aceptada. La mecerá a la
mañana siguiente del sábado".* (Levítico 23:9–11)

La fiesta de las Primicias se produce en domingo, el día después del día de reposo del sábado. Como Pentecostés es siete semanas después de la fiesta de las Primicias, Pentecostés también cae
en domingo. Estas son las dos únicas fiestas bíblicas establecidas
en domingo, un día muy importante para los cristianos. Es el día
de la semana en que celebramos la resurrección de Jesús, así como
el día de Pentecostés. Estos eventos están relacionados entre sí, lo
cual veremos en un momento.

La fiesta de las Primicias

En primer lugar, veamos cómo usa la Biblia la fiesta de las
Primicias como un símbolo de la resurrección, y luego veremos
cómo Pentecostés es un símbolo del Espíritu Santo. El apóstol
Pablo conecta la fiesta de las Primicias con la resurrección de
Cristo: *"Lo cierto es que Cristo ha sido levantado de entre los muertos,
como primicias de los que murieron"* (1 Corintios 15:20). Las *"primicias"* es un símbolo de la resurrección de Jesús, y como Él fue
resucitado, nosotros también resucitaremos. *"Primicias"* también
sugiere nuestra resurrección. La primera resurrección del creyente
es su resurrección espiritual de la muerte. Por eso la resurrección
de Cristo puede darnos resurrección de la muerte espiritual. La
Biblia llama a esta resurrección espiritual ser "nacido de nuevo".
(Véase, por ejemplo, 1 Juan 1:23).

Veamos cómo Santiago une la fiesta de las Primicias con nuestra experiencia del nuevo nacimiento: *"Por su propia voluntad nos
hizo nacer mediante la palabra de verdad, para que fuéramos como
los primeros y mejores frutos de su creación"* (Santiago 1:18). Se nos
da este *"nacer mediante la palabra de verdad, para que fuéramos*

como los primeros y mejores frutos". La fiesta de las Primicias simboliza nuestro renacer espiritual, el ser vivificados con Cristo en su
resurrección.

Observemos lo que hacía el sacerdote con las primicias.
Después de "recoger la cosecha" de la tierra, tomaba el grano y lo
mecía el domingo: la fiesta de las Primicias. La ofrenda de grano
es la cosecha espiritual, o salvación, de almas. Jesús dijo: *"Yo les
digo: ¡Abran los ojos y miren los campos sembrados! Ya la cosecha está
madura"* (Juan 4:35). Está claro que nos convertimos en parte de la
cosecha de grano cuando nacemos de nuevo. Somos la cosecha de
almas, las gavillas de grano que Cristo, nuestro Sumo Sacerdote,
mece ante Dios. ¡Aleluya!

El día de Pentecostés

Ahora llegamos a una parte muy interesante. ¿Cuál es la relación entre Pentecostés y la fiesta de las Primicias? Después de
mecer la ofrenda de grano en la fiesta de las Primicias, el sacerdote
molía las gavillas de grano en harina, luego añadía agua, aceite y
levadura. Después, amasaba la mezcla para hacer una masa, la cual
se horneaba en dos hogazas. En Pentecostés, el sacerdote mecía el
pan ante el Señor, como había hecho con las gavillas de grano; pero
esta vez, las gavillas se convertían en alimento comestible. Nadie
come las gavillas; son para molerlas y convertirlas en pan. Así en
Pentecostés, las gavillas antes incomestibles se convertían en pan
comestible mecido delante del Señor.

¿Gavillas o pan?

Esta es la diferencia entre ser nacido de nuevo y ser lleno del
Espíritu. La primera ofrenda de las gavillas de grano es un símbolo
de ser nacido de nuevo, mientras que la segunda ofrenda de pan es
un símbolo de ser lleno del Espíritu Santo. ¿Qué prefiere ser usted:
una gavilla de grano o pan? Esta es la diferencia que el Espíritu
Santo marca en un creyente.

Por eso Jesús ordenó a sus discípulos no predicar hasta Pentecostés: *"Una vez, mientras comía con ellos, les ordenó: —No se alejen de Jerusalén, sino esperen la promesa del Padre"* (Hechos 1:4). No debían dejar Jerusalén para evangelizar hasta que viniera el Espíritu Santo. La razón es sencilla: los discípulos eran gavillas incomestibles, no preparados ni listos para alimentar a nadie con la Palabra de Dios. No fue hasta que vino el Espíritu Santo en Pentecostés que fueron llenos y listos para hacer convertidos. En Pentecostés se habían convertido en pan.

La fiesta de las Primicias nos enseña una lección importante. Es posible ser nacido de nuevo y no haber vivido aún la experiencia de Pentecostés. Son fiestas distintas separadas por siete semanas. Claramente, nacer de nuevo no es la misma experiencia que ser lleno del Espíritu. Están relacionadas, porque ambas ocurren en domingo y ambas necesitan la misma ofrenda de grano, pero no son lo mismo. La fiesta de las Primicias debe ocurrir primero; usted no se puede convertir en pan sin primero ser cosechado como grano. En otras palabras, primero debe nacer de nuevo si quiere ser lleno del Espíritu Santo.

Eso es lo que el Espíritu Santo puede hacer en su vida. Puede transformarle en pan. Él puede usarle para alimentar a otros con la Palabra. Sin el poder de Dios, usted solo podrá impartir una Palabra correosa o seca que al final no transformará a otros. O lo que es peor, el diablo le engañará para que engañe a otros mediante sus intentos de enseñar la Biblia. Hay falsos maestros cristianos e iglesias que afirman predicar la Palabra, pero como no están llenos del Espíritu, se les engaña fácilmente.

El horno

Se produjo un fenómeno interesante el día de Pentecostés en el aposento alto: *"Se les aparecieron entonces unas lenguas como de fuego* [a los discípulos] *que se repartieron y se posaron sobre cada uno de ellos*" (Hechos 2:3). El fuego es simbólico del horno que el sacerdote usaba para cocer los panes. El simbolismo del fuego es la forma que Dios tiene de recordarnos que los discípulos estaban siendo transformados en el fuego, o siendo preparados para predicar la Palabra con sus bocas; así la frase *"lenguas de fuego"*. Del mismo modo, el Espíritu santo tocará su lengua sobrenaturalmente.

El primer sermón de Pedro después de Pentecostés fue poderoso. La Biblia dice que *"cuando oyeron esto, todos se sintieron profundamente conmovidos y les dijeron a Pedro y a los otros apóstoles: —Hermanos, ¿qué debemos hacer?"* (Hechos 2:37). Sus palabras estaban tan llenas del Espíritu Santo, que más de tres mil personas acudieron a Cristo en un día. Pedro nunca tuvo este tipo de éxito antes de esta morada del Espíritu Santo en su interior.

Sí, Pedro compartía bien el evangelio antes de Pentecostés, pero fue más eficaz después de Pentecostés. Quizá algunos dirán: "Obispo, entiendo lo que dice, pero conozco a algunos ministros que son buenos maestros de la Biblia, y no han experimentado el bautismo en el Espíritu. ¿Cómo explica eso?".

Es sencillo; el Espíritu Santo está con ellos para ayudarles a hacerlo lo mejor que puedan. Pero Pentecostés significa algo más que el hecho de que el Espíritu Santo esté *con* ellos; Pentecostés significa que el Espíritu Santo está *en* ellos. Jesús dijo: *"El Espíritu de verdad, a quien el mundo no puede aceptar porque no lo ve ni lo conoce. Pero ustedes sí lo conocen, porque vive con ustedes y estará en ustedes"* (Juan 14:17). Incluso antes de Pentecostés, los discípulos "conocían" al Espíritu Santo, porque Él siempre había estado "con ellos". No cabe duda de que el Espíritu Santo está con los creyentes nacidos de nuevo y que ellos *"le conocen"*, pero pueden llegar a tener una comunión mucho más profunda con Él cuando Él habita en ellos. Esto ocurre con la experiencia pentecostal.

Si usted es bueno enseñando la Palabra sin la experiencia pentecostal, ¡imagínese lo bueno que sería con ella! No se conforme con hacerlo bien en su capacidad natural. Busque algo más profundo con Dios. Reciba la poderosa experiencia pentecostal.

Primero gavillas, luego pan

Pero antes de poder recibir la experiencia pentecostal, tiene que asegurarse de estar preparado para recibir el Espíritu Santo. El pan pentecostal era *"ofrenda mecida de las primicias"* (Levítico 23:17), que significa que solo los que son *"primicias"* pueden ser parte de Pentecostés. Esto lo confirmó nuestro Señor cuando dijo que el mundo no podía aceptar el Espíritu Santo. (Véase Juan 14:16–17). El Espíritu Santo no es el regalo de Dios para el mundo; el regalo de Dios para el mundo es Jesús: *"Porque tanto amó Dios al mundo, que dio a su Hijo unigénito, para que todo el que cree en él no se pierda, sino que tenga vida eterna"* (Juan 3:16).

Jesús no es la misma persona que el Espíritu Santo. Él es la segunda persona de la Trinidad y es el regalo de Dios para el mundo, para que todos puedan ser salvos. Jesús es las primicias de los que desean nacer de nuevo. El Espíritu Santo, sin embargo, es el regalo de Dios para el hijo de Dios. Solo los que son nacidos de nuevo pueden recibir el Espíritu Santo; y el propósito de Dios al enviar al Espíritu no es salvarnos sino ayudarnos a vivir una vida de salvación y santidad.

Al enseñar el principio de pedir y recibir, Jesús animó a los discípulos a pedir el Espíritu Santo: *"Pues si ustedes, aun siendo malos, saben dar cosas buenas a sus hijos, ¡cuánto más el Padre celestial dará el Espíritu Santo a quienes se lo pidan!"* (Lucas 11:13). Las únicas personas que pueden pedir a Dios que les dé el Espíritu Santo son aquellas que pueden llamar a Dios *"Padre"*. En otras palabras, usted tiene que nacer de nuevo para poder pedir y esperar recibir el Espíritu Santo. Solo las gavillas de las primicias pueden convertirse en el pan de Pentecostés.

¿Ha aceptado usted a Cristo como su Señor y Salvador? Toda esta información acerca del Espíritu Santo y Pentecostés no significará nada a menos que usted haya nacido de nuevo. Debe convertirse primero en una gavilla antes de poder convertirse en pan. Le invito a hacer esta oración:

> Amado Dios, vengo a ti en el nombre de Jesús. Confieso que soy pecador y que te he desobedecido desde que nací. Siento mucho haber llevado una vida pecaminosa, y me arrepiento. Por favor, perdóname. Creo que Jesús nació de la virgen María y que murió por mis pecados y resucitó de la muerte. Te pido que entres en mi corazón y vivas en mí. Creo que Cristo me ha salvado. Soy nacido de nuevo.

Si usted ha hecho esta oración, es salvo. Ahora Dios le dará un mejor entendimiento del tipo de pan que Dios usa para cambiar el mundo.

¿Qué tipo de pan?

Desde su lugar de residencia le llevarán al Señor, como ofrenda mecida de las primicias, dos panes hechos con cuatro kilos de flor de harina, cocidos con levadura.   (Levítico 23:17)

Merece la pena destacar que el pan está hecho con levadura. La levadura simboliza el pecado. Dios está enseñando que una persona nacida de nuevo no tiene que estar libre de pecado para ser llena del Espíritu; de hecho, el Espíritu Santo nos ayuda a vencer el pecado: la levadura en nuestra vida.

Un hombre me contó una vez que su pastor insistía en que si su congregación quería ser llena del Espíritu, primero debían esforzarse en deshacerse del pecado que había en sus vidas, y solo entonces podrían recibir el Espíritu. Le dije al hombre que su pastor estaba equivocado. Le dije: "Hermano, si usted pudiera deshacerse del pecado sin el Espíritu Santo, ¿para qué le necesitaría?". No pudo responderme.

El pan de Pentecostés estaba hecho con levadura. No deje que el hecho de que tenga pecado en su vida le impida pedirle a Dios que le llene con el Espíritu Santo. Pídale a Dios Padre el Espíritu Santo. Deje que Él le llene con el Espíritu Santo. Él le ayudará a vencer los efectos del pecado en su vida.

Así como Pentecostés se celebraba el día cincuenta después del sábado pascual, también Dios tenía otra celebración en el año cincuenta: el año del Jubileo, cuando las deudas de todos eran canceladas y las personas eran liberadas.

Esto es lo que el Espíritu Santo quiere hacer por usted; Él le hará libre cuando usted le reciba en su vida. Será libre de condenación, del poder del pecado, de todas las enfermedades, y del poder de Satanás. El Espíritu Santo le liberará de toda deuda y dolor que haya acumulado durante sus años como incrédulo. Satanás puede que haya trabajado durante años para atarle y esclavizarle, pero el Espíritu es Aquel a quien Dios ha enviado para liberarle de toda atadura. Ya no estará endeudado con el mundo y el diablo. ¡El Espíritu dentro de usted le liberará!

CUATRO

EL ESPÍRITU VIENE DESPUÉS DE LA SALVACIÓN

Algunas personas me argumentan e insisten en que cuando alguien recibe a Cristo, automáticamente recibe el Espíritu Santo. Yo discrepo totalmente. El Espíritu viene después de la salvación. Sin embargo, Satanás ha intentado impedir que los creyentes busquen al Espíritu Santo con esta mentira, porque tiene miedo de lo que ocurrirá si reciben el Espíritu. Veamos detalladamente lo que dice la Palabra de Dios.

Bautismo en agua y bautismo en el Espíritu Santo

Discípulos en Éfeso

Mientras Apolos estaba en Corinto, Pablo recorrió las regiones del interior y llegó a Éfeso. Allí encontró a algunos discípulos. —¿Recibieron ustedes el Espíritu Santo cuando creyeron? — les preguntó. —No, ni siquiera hemos oído hablar del Espíritu Santo —respondieron. —Entonces, ¿qué bautismo recibieron? —El bautismo de Juan. Pablo les explicó —El bautismo de

Juan no era más que un bautismo de arrepentimiento. Él le decía al pueblo que creyera en el que venía después de él, es decir, en Jesús. Al oír esto, fueron bautizados en el nombre del Señor Jesús. Cuando Pablo les impuso las manos, el Espíritu Santo vino sobre ellos, y empezaron a hablar en lenguas y a profetizar. Eran en total unos doce hombres.

(Hechos 19:1–7)

Pablo daba por hecho que los discípulos eran creyentes en Jesús, y sin embargo observó que faltaba algo en sus vidas. Así que lo primero que preguntó fue: "¿Recibieron ustedes el Espíritu Santo cuando creyeron?". Este versículo se podría traducir: "¿Recibieron el Espíritu Santo *después* de haber creído?". Sin duda, es posible ser salvo y aun así no tener el Espíritu Santo. La pregunta que hace Pablo a estos discípulos demuestra que él no pensaba que creer en Jesús automáticamente significara que un cristiano estuviera lleno del Espíritu Santo.

Hoy día, muchos incrédulos son guiados a hacer la oración para aceptar al Señor y son bautizados en agua, pero se presta poca atención a asegurarse de que hayan recibido el Espíritu Santo. Por lo tanto, hay muchos convertidos que no experimentan el bautismo en el Espíritu Santo. Debemos revisar despacio nuestros métodos de evangelismo. No basta con enseñar las lecciones de la escuela dominical y bautizar a los nuevos creyentes en agua. Se les debe enseñar acerca del bautismo en el Espíritu Santo y la vida llena del Espíritu.

Al oír esto, fueron bautizados en el nombre del Señor Jesús. Cuando Pablo les impuso las manos, el Espíritu Santo vino sobre ellos, y empezaron a hablar en lenguas y a profetizar.

(Hechos 19:5–6)

Pablo no solo indagó si habían recibido o no el Espíritu, sino que después de haber sido bautizados en agua, impuso manos sobre ellos para que recibieran el Espíritu Santo. Si el bautismo en agua fuera el fin de nuestra experiencia de salvación, ¿por qué impuso Pablo sus manos sobre ellos para impartir el Espíritu Santo? Hay dos experiencias distintas descritas aquí: bautismo en agua y bautismo en el Espíritu.

Nuevos convertidos en Samaria

Este no es un incidente aislado. Pensemos en los nuevos convertidos en Samaria. Ellos recibieron a Cristo y fueron bautizados en agua: *"Pero cuando creyeron a Felipe, que les anunciaba las buenas nuevas del reino de Dios y el nombre de Jesucristo, tanto hombres como mujeres se bautizaron"* (Hechos 8:12). ¿Qué tuvieron que hacer para ser salvos? Creyeron el evangelio y en el nombre de Jesucristo. *"Porque «todo el que invoque el nombre del Señor será salvo»"* (Romanos 10:13). Además de creer en Jesús, también fueron bautizados en agua. Esto demuestra que eran salvos, porque Jesús dijo: *"El que crea y sea bautizado será salvo"* (Marcos 16:16). El Credo de Nicea dice: "Confieso un bautismo para la remisión de pecados". Sus pecados fueron remitidos; fueron salvos en el sentido más amplio de la palabra.

Sin embargo, no recibieron el Espíritu Santo:

> *Cuando los apóstoles que estaban en Jerusalén se enteraron de que los samaritanos habían aceptado la palabra de Dios, les enviaron a Pedro y a Juan. Éstos, al llegar, oraron por ellos para que recibieran el Espíritu Santo, porque el Espíritu aún no había descendido sobre ninguno de ellos; solamente habían sido bautizados en el nombre del Señor Jesús. Entonces Pedro y Juan les impusieron las manos, y ellos recibieron el Espíritu Santo.* (Hechos 8:14–17)

No hay nada oscuro en este pasaje. Está claro. Uno puede ser un verdadero creyente, bautizado en agua para el perdón de pecados, y aun así no tener el Espíritu Santo.

Veamos otra historia en el libro de los Hechos que confirma la necesidad de recibir ambos bautismos. Esta vez, los sacramentos se invierten, lo cual es una excepción de la regla. Pero la regla básica sigue siendo la misma: necesitamos ambos bautismos, uno en agua para el perdón de pecados y otro en el Espíritu para tener poder.

Salvación de los gentiles

Mientras Pedro estaba todavía hablando, el Espíritu Santo descendió sobre todos los que escuchaban el mensaje. Los defensores de la circuncisión que habían llegado con Pedro se quedaron asombrados de que el don del Espíritu Santo se hubiera derramado también sobre los gentiles, pues los oían hablar en lenguas y alabar a Dios. Entonces Pedro respondió: —¿Acaso puede alguien negar el agua para que sean bautizados estos que han recibido el Espíritu Santo lo mismo que nosotros? Y mandó que fueran bautizados en el nombre de Jesucristo. Entonces le pidieron que se quedara con ellos algunos días. (Hechos 10:44–48)

Hay una diferencia clara en esta historia comparada con las otras dos. El orden de los bautismos está invertido. En lugar de ser primero bautizados en agua, los gentiles fueron bautizados en el Espíritu Santo. Ambos bautismos se producen. Pedro no sintió que ser bautizado en el Espíritu Santo fuera suficiente; apeló también al bautismo en agua. Estaba claro que Dios tenía que derramar primero de su Espíritu sobre estos gentiles, porque el apóstol Pedro era reticente a aceptarlos como eran. Dios tenía que demostrarle a Pedro que incluso los gentiles podían ser salvos sin adherirse a la tradición judía.

Leí un libro de un conocido pastor que escribió acerca del Espíritu Santo. Conocía su teología; él creía que cuando una persona se convierte recibe el Espíritu Santo. Sintiendo curiosidad, leí su explicación de este mismo pasaje de la Escritura. Él escribió:

La historia de los samaritanos fue la excepción de la regla de que los creyentes reciben automáticamente el Espíritu en la conversión. Por alguna razón, no sabemos por qué, ellos no recibieron el Espíritu en su conversión. Hoy día, los creyentes siempre reciben el Espíritu Santo en el momento de su salvación. La historia de los samaritanos es la excepción que confirma la regla.

Su declaración no es cierta. Los numerosos pasajes de la Escritura que he presentado demuestran lo contrario. Este conocido pastor es un buen hombre; sin embargo, su enseñanza sobre el bautismo en agua simplemente es errónea y peligrosa. Es incluso demoniaca. Satanás intentará usar todas sus estrategias para impedir que los creyentes busquen el bautismo en el Espíritu Santo.

Los tres casos

Estas tres conversiones (véase Hechos 19:1–7, Hechos 8:14–17 y Hechos 10:44–48) nos recuerdan la necesidad de que los nuevos creyentes reciban el Espíritu Santo. No se conforme meramente con aceptar el perdón de pecados; continúe avanzando para recibir el Espíritu Santo. Como puede ver, Satanás ha hecho un buen trabajo engañando a los creyentes, haciéndoles creer que no necesitan recibir el Espíritu después de ser salvos. Rechace esa mentira. Puede que él esté intentando impedir que reciba sus armas para la guerra espiritual. Pero ahora usted conoce la verdad; necesita al Espíritu después de la salvación. Solo cuando Jesús recibió el Espíritu tuvo el poder para vencer a Satanás, y usted necesita el mismo Espíritu para derrotar a Satanás en su vida.

CINCO

BAUTISMO EN LA NUBE

Todos ellos fueron bautizados en la nube y en el mar para unirse a Moisés.
—1 Corintios 10:2

El pastor de la iglesia Gateway Church, Robert Morris, en Dallas, Texas, dijo que este pasaje le convenció de la necesidad de ser bautizado en el Espíritu Santo. Como muchos evangélicos, él supuso que había recibido el bautismo en el Espíritu Santo cuando recibió la salvación. Pero cuando vio que los israelitas fueron bautizados *"en la nube"* y *"en el mar"*, reconoció la diferencia entre los dos bautismos. Uno es del cielo; el otro es en la tierra. Cuando el Espíritu Santo vino, la Biblia dice que hubo *"del cielo un ruido como el de una violenta ráfaga de viento"* (Hechos 2:2). El Espíritu Santo *"vino del cielo"*; así, el bautismo en la nube refleja el bautismo en el Espíritu Santo.

Un bautismo mayor

Yo los bautizo a ustedes con agua para que se arrepientan. Pero el que viene después de mí es más poderoso que yo, y ni siquiera merezco llevarle las sandalias. Él los bautizará con el Espíritu Santo y con fuego. (Mateo 3:11)

Juan diferencia claramente entre su bautismo en agua terrenal y el bautismo mayor en el Espíritu Santo. Además, Juan dijo que Aquel que vendría bautizaría con el Espíritu Santo y que es *"más poderoso que yo"*. Así, el bautismo con el Espíritu es más poderoso que el bautismo en agua. Ambos tienen su lugar: el agua significa arrepentimiento, pero el Espíritu aporta poder y limpieza de pecado. *"Tiene el rastrillo en la mano y limpiará su era, recogiendo el trigo en su granero; la paja, en cambio, la quemará con fuego que nunca se apagará"* (Mateo 3:12). El bautismo en el Espíritu Santo puede quemar la paja, la piel seca de protección que envuelve las semillas de grano, algo que el agua no puede hacer. Esto nos lleva de nuevo a la analogía del nuevo nacimiento, en el cual nos convertimos en gavillas de grano. Pero con las gavillas viene una paja vana que se tiene que quemar en nuestra vida. El bautismo en el Espíritu Santo puede hacer eso.

Yo era cristiano antes de mi bautismo en el Espíritu Santo. Desgraciadamente, no fui un buen ejemplo para mis amigos y compañeros en la escuela. Me iba de fiesta con ellos, cometía algunos actos vandálicos menores, maldecía y hacía otras cosas vergonzosas. Durante todo ese tiempo, asistía a la iglesia y la gente diría que yo era cristiano. Supongo que lo era, pero no fue hasta que recibí el bautismo en el Espíritu santo cuando sufrí un cambio enorme. Dejé de ser para siempre ese niño sucio que hacía todo lo que los demás hacían. El Espíritu Santo quemó la paja en mi vida. Me hizo ser compasivo con los que estaban atrapados en el pecado. No recuerdo haberlo hecho, pero la gente me dice que durante mi caminar con Cristo al principio, lloraba cuando hablaba a las personas sobre Jesús. Yo era el evangelista adolescente llorón. Mi corazón se dolía cuando veía la atadura de mis iguales, y se dolía incluso más cuando ellos rechazaban a Cristo. No hay manera en que pudiera haber desarrollado tal pasión por Cristo y compasión por los demás por mí mismo. Fue necesario el Espíritu Santo para que se produjera eso en mi vida.

El gran evangelista John G. Lake escribió acerca de su propio bautismo en el Espíritu:

Personalmente, sabía que mis pecados habían sido borrados, pero fue solo dos meses antes de mi bautismo en el Espíritu Santo cuando aprendí mediante la Palabra de Dios y experimenté en mi propia vida el poder santificador de Dios sometiendo el alma y limpiando la naturaleza de pecado. Esta limpieza de vida interior fue para mí la obra de coronación de Dios en mi vida en ese periodo. Nunca dejaré de alabar a Dios por haberme revelado la profundidad mediante el Espíritu Santo, el poder de la sangre de Jesús.[3]

Esto no significa que un cristiano lleno del Espíritu no tenga pecado o sea incapaz de volver a su antigua manera de vivir. Pero a la vez, el Espíritu Santo guarda al cristiano lleno del Espíritu de alejarse completamente de la verdad y de rechazar a Cristo. Darnos el bautismo en el Espíritu Santo fue la manera que tuvo Dios de hacernos santos como Él, para que Él pudiera mantenernos cerca de sí mismo. El reverendo Lake dijo: "Las fuerzas de nuestra personalidad deben ser sometidas a Dios". Él atribuye su renovada personalidad al bautismo en el Espíritu. Espero que muchos de los que están leyendo este libro reconozcan su propia necesidad de un cambio.

Con mi permiso, una reconocida psicóloga de Malta me hizo un test de personalidad para ver qué tipo de persona soy, o podría ser. Tras hacerme una serie de extrañas preguntas, terminó. Le pregunté: "¿Entonces tiene usted alguna idea de qué tipo de persona soy?".

Ella dijo: "Pastor Tom, estoy muy contenta de que usted sea salvo y lleno del Espíritu, porque tiene la personalidad o de un gran líder moral o de un jefe mafioso".

Yo me reí. "No lo dudo, pero Dios ha cambiado mi personalidad y mi carácter. Solo Él podría haberlo hecho".

3. Tomado del sermón de John G. Lake "El bautismo del Espíritu Santo".

El bautismo en el Espíritu Santo somete nuestra personalidad y nos hace ser un pueblo santo. Todos tenemos la oportunidad de ir al lado oscuro o al lado de la luz. El Espíritu Santo nos ayuda a escoger la luz.

No menosprecie el fuego consumidor del Espíritu Santo. Necesitamos este fuego que nunca se apagará para cambiarnos profundamente. El bautismo en la nube puede hacer esto.

Quizá usted haya sido bautizado en agua. Con la misma claridad que sabe que fue bautizado en agua, también debería saber, sin lugar a duda, que fue bautizado con el Espíritu Santo.

SEIS

EL SELLO

Uno de los principales beneficios de recibir el Espíritu es tener seguridad de salvación. Satanás trabajará sin límite para hacerle dudar de su salvación, y muchos cristianos han perdido la cabeza haciendo justamente eso. El diablo es el *"acusador de nuestros hermanos"* (Apocalipsis 12:10, RVR-1960). Él trabaja mucho para mantener al creyente en el limbo respecto a su salvación. Pero cuando viene el Espíritu Santo, Él disipa las dudas del creyente.

> *En él también vosotros, habiendo oído la palabra de verdad, el evangelio de vuestra salvación, y habiendo creído en él, fuisteis sellados con el Espíritu Santo de la promesa.*
> (Efesios 1:13)

> *Él nos ungió, nos selló como propiedad suya y puso su Espíritu en nuestro corazón, como garantía de sus promesas.*
> (2 Corintios 1:21–22)

Un *"sello"* es la prueba o evidencia de propiedad, como un título de propiedad. En términos bíblicos, era común que los compradores de esclavos marcaran o agujerearan a sus esclavos para sellarlos como propiedad suya. Hoy día, los rancheros hacen algo parecido con su ganado, marcándolos como de su propiedad.

El propósito del sello es demostrar o confirmar una compra de propiedad, no gestionar una compra de propiedad. Pablo usa el término "*confirmado*" en relación con la obra del Espíritu Santo: "*Así se ha confirmado en ustedes nuestro testimonio acerca de Cristo, de modo que no les falta ningún don espiritual mientras esperan con ansias que se manifieste nuestro Señor Jesucristo*" (1 Corintios 1:6–7). La confirmación fue los dones espirituales, "*espirituales*" porque provienen del Espíritu.

La palabra "*confirmaba*" también se usó en este pasaje: "*En todo caso, Pablo y Bernabé pasaron allí bastante tiempo, hablando valientemente en el nombre del Señor, quien confirmaba el mensaje de su gracia, haciendo señales y prodigios por medio de ellos*" (Hechos 14:3). El Señor "*confirmaba*" la obra de ellos con "*señales y prodigios*". Las señales no hacían que el mensaje fuera veraz, sino que demostraban y confirmaban que era veraz. Los dones del Espíritu a menudo aportan señales de validación divina.

El sello viene después de la salvación

Como puede ver, Dios le "sellará", confirmando que usted le pertenece a Él. Esto viene después de nuestra salvación. Como dijo Pablo: "*En él también vosotros, habiendo oído la palabra de verdad, el evangelio de vuestra salvación, y habiendo creído en él, fuisteis sellados con el Espíritu Santo de la promesa*" (Efesios 1:13, RVR-1960). Observe: cuando usted fue sellado "*habiendo creído*". Este sello no viene *cuando* usted cree en Cristo sino *habiendo* acudido a Cristo. "**Habiendo** oído la palabra de verdad". La *Nueva Versión Internacional* parece implicar que recibimos el Espíritu cuando creemos en el evangelio, pero el original griego no justifica eso. Aquí, Pablo muestra dos experiencias: primero, confiar en el evangelio *después* de oír la palabra de verdad; y segundo, recibir el sello del Espíritu Santo *después* de creer el evangelio.

Jimmy aceptó a Cristo en un retiro de jóvenes pero seguía teniendo muchas dudas respecto a su salvación. Tras semanas de confusión, oyó la enseñanza acerca de recibir el Espíritu Santo y pasó al frente en la iglesia para recibirlo. No ocurrió nada dramático; sin embargo, al final de la semana, su madre le dijo: "Jimmy, te noto un tanto distinto. Pareces más paciente y amable. Te preocupas más por la gente. Puedo ver un verdadero cambio en ti".

Antes de recibir el Espíritu, su madre siempre le había acusado de no vivir realmente la vida cristiana después de la salvación. Solo después de recibir el Espíritu fue cuando ella observó un cambio en él. Cuando su mamá señaló el cambio, Jimmy quedó liberado para siempre de sus dudas. El Espíritu Santo les confirmó a él y a otros que era verdaderamente un hijo de Dios. La confirmación del Espíritu Santo es una vida cambiada.

Abba Padre

> Y ustedes no recibieron un espíritu que de nuevo los esclavice al miedo, sino el Espíritu que los adopta como hijos y les permite clamar: "¡Abba! ¡Padre!" El Espíritu mismo le asegura a nuestro espíritu que somos hijos de Dios.
>
> (Romanos 8:15–16)

Esta es la principal obra del Espíritu. Él quiere que usted sepa, sin lugar a dudas, que es hijo de Dios. Esto es lo que Dios hizo en el bautismo de Cristo y su llenura del Espíritu: "En ese momento se abrió el cielo, y él [Jesús] vio al Espíritu de Dios bajar como una paloma y posarse sobre él. Y una voz del cielo decía: "Éste es mi Hijo amado; estoy muy complacido con él" (Mateo 3:16-17). Jesús era el Hijo de Dios antes de que el Espíritu de Dios descendiera sobre Él, pero después de recibir al Espíritu, recibió la confirmación externa de su condición de hijo, y también los demás que oyeron la voz de Dios.

Esto es lo que el Espíritu hará por usted. Usted sabrá, sin lugar a dudas, que es un hijo de Dios. No estará seguro de su salvación meramente porque la Biblia lo dice. Usted tendrá el sólido testimonio dentro de su corazón. Sin el Espíritu, no tendrá esta seguridad. Los dones confirman que usted está sellado.

Mi esposa, Sonia, recibió el Espíritu Santo a la edad de quince años cuando estaba en Alemania. Después de ser salva y ser llena del Espíritu, fue a un pub con sus amigos del instituto. Miró a su alrededor a la gente que bebía y se llenó de temor. Pensó que estaba mal para ella estar en un lugar tan oscuro y sombrío. Tenía miedo de haber perdido su salvación. Así que inclinó su cabeza y le dijo al Señor que lo sentía por estar ahí, y luego abrió su boca y comenzó a orar en lenguas, aliviada cuando lo oyó. *El Espíritu Santo no me dejó*, pensó con alegría. El hecho de que hablara en lenguas confirmaba que ella seguía perteneciendo a Dios.

Cornelio y su casa son salvos

Pedro predicó el evangelio a la casa de Cornelio. Él y toda su casa, aunque eran todos gentiles, recibieron el mensaje. Hasta este momento, los apóstoles habían creído que el evangelio era solo para los judíos. ¿Qué fue lo que convenció a Pedro de que Cornelio y su familia habían sido aceptados por Dios y que habían recibido el Espíritu Santo?

> *Pues los oían hablar en lenguas y alabar a Dios. Entonces Pedro respondió: —¿Acaso puede alguien negar el agua para que sean bautizados estos que han recibido el Espíritu Santo lo mismo que nosotros?* (Hechos 10:46–47)

¿Cómo supo Pedro que Cornelio y su casa habían recibido al Espíritu Santo? *"Los oían hablan en lenguas"* (Hechos 10:46). Los dones del Espíritu son *"la manifestación especial del Espíritu"* (1 Corintios 12:7).

Jesús recibió el Espíritu, el cual se manifestó en forma de paloma. Esta manifestación fue visible tanto para Jesús como para otros. Cuando viene el Espíritu, se manifiesta a usted mediante sus sentidos, para que usted y otros se den cuenta.

Tanto los cristianos católicos, como ortodoxos y anglicanos no pueden señalar a una ceremonia eclesial y decir: "Soy hijo de Dios porque he sido confirmado". No, usted necesita algo más que eso. Usted necesita los dones del Espíritu para demostrar que tiene el Espíritu. Ser ungido con aceite no es una prueba de que está lleno del Espíritu; solo el aceite real del Espíritu Santo demuestra que usted ha sido lleno del Espíritu.

Nadie puede decirme que no soy salvo o que no soy hijo de Dios. ¡Tengo el sello! El Espíritu Santo vino a mi vida en esa iglesia de las Asambleas de Dios, y tengo dones del Espíritu que confirman su venida.

> *Ustedes ya son hijos. Dios ha enviado a nuestros corazones el Espíritu de su Hijo, que clama: "¡Abba! ¡Padre!" Así que ya no eres esclavo sino hijo; y como eres hijo, Dios te ha hecho también heredero.* (Gálatas 4:6–7)

Muchos cristianos están viviendo como esclavos cuando podrían estar viviendo como hijos e hijas. Algunos son esclavos de la pornografía, otros de la glotonería, otros de las drogas y el alcohol. Pero cuando usted recibe al Espíritu, es liberado de la esclavitud y los derechos dados. El Espíritu marca toda la diferencia. Usted sube a un nivel más alto como "heredero de Dios y coheredero con Cristo". (Véase Romanos 8:17). Usted comienza a recibir todo lo que Jesús compró para usted en la cruz. Pero no llegará ahí a menos reciba el bautismo en el Espíritu Santo.

Manifestación de la presencia del Espíritu

> *¿Cómo sabemos que él permanece en nosotros? Por el Espíritu que nos dio.* (1 Juan 3:24)

¿Cómo sabemos que permanecemos en él, y que él permanece en nosotros? Porque nos ha dado de su Espíritu.
(1 Juan 4:13)

¿Cómo sabe que Dios vive en usted? Usted no solo señala a la Biblia o a otro ministro y dice: "Me han dicho que Dios vive en mí". ¡No! Usted tiene la seguridad de ello porque recibió el Espíritu, y con el Espíritu viene la evidencia necesaria. El Espíritu convierte su fe en conocimiento; usted es "sabedor", no solo "creyente". Usted sabe que "*él permanece en* [usted]". Quizá usted "cree" que Dios vive en usted; "*Es, pues, la fe...la convicción de lo que no se ve*" (Hebreos 11:1, RVR-1960). Pero cuando el Espíritu Santo viene a usted, Él le trae la "*convicción*".

No se equivoque respecto al Espíritu Santo: cuando Él viene, no lo hace en silencio. Su entrada triunfal fue "*un ruido como el de una violenta ráfaga de viento*" (Hechos 2:2). Y Él sigue haciendo ruido de algún tipo. Quizá no sea tan drástico como en su primera entrada, pero cuando entra en un creyente, sigue manifestando su presencia. Él quiere que todos sepan que esa persona le pertenece a Dios.

El sello de aprobación

Trabajen, pero no por la comida que es perecedera, sino por la que permanece para vida eterna, la cual les dará el Hijo del hombre. Sobre éste ha puesto Dios el Padre su sello de aprobación. (Juan 6:27)

El sello de aprobación es una marca oficial que revela que algo ha sido aceptado. La gente busca un sello para confirmar la calidad de un producto. Por ejemplo, el sello de aprobación de Good Housekeeping da una reconocida credencial de aceptación. Lo mismo ocurre con Cristo. Nosotros creemos en Él no solo porque Él declaró que era el Hijo de Dios, sino por la evidencia de que lo era.

Ya se lo he dicho a ustedes, y no lo creen. Las obras que hago en nombre de mi Padre son las que me acreditan. (Juan 10:25)

Como ve, Jesús dijo que los milagros del Espíritu Santo testificaban por Él. Ellos fueron las señales externas de su identidad como Hijo.

Jesús dijo:

> *¿Por qué acusan de blasfemia a quien el Padre apartó para sí y envió al mundo? ¿Tan sólo porque dijo: "Yo soy el Hijo de Dios"? Si no hago las obras de mi Padre, no me crean. Pero si las hago, aunque no me crean a mí, crean a mis obras, para que sepan y entiendan que el Padre está en mí, y que yo estoy en el Padre.* (Juan 10:36–38)

De nuevo, esto enfatiza que los milagros que Jesús hizo confirmaron que su *"sello de aprobación"* (Juan 6:27) era del Padre.

Acreditación

> *Jesús de Nazaret fue un hombre acreditado por Dios ante ustedes con milagros, señales y prodigios, los cuales realizó Dios entre ustedes por medio de él, como bien lo saben.* (Hechos 2:22)

Otra cosa que la gente quiere es una acreditación. La acreditación se produce cuando una persona es reconocida, autorizada y certificada al cumplir cierto conjunto de estándares. Por ejemplo, quizá una escuela puede ser buena sin tener acreditación, pero la acreditación le da un nivel reconocido de credibilidad. Esto es lo que hace el Espíritu Santo. Él nos da acreditación, haciendo que nuestro mensaje sea aceptable a Dios, lo cual también da a los de fuera una razón por la que aceptar el mensaje del evangelio.

La mejor acreditación no viene de la Southern Association of Colleges and Schools sino del Espíritu Santo. Cuando el Espíritu santo obra en usted, su acreditación viene del cielo, lo cual es mejor que cualquier otra acreditación que una escuela pueda dar.

En un domingo no hace mucho, una mujer viajó desde Washington D.C. hasta mi iglesia en El Paso, Texas, para ser liberada de los demonios que la atormentaban. Dios se manifestó y produjo una gran liberación. Los demonios comenzaron a hablar a través de ella, diciendo: "Me pertenece".

Pero yo les dije: "No, no les pertenece. Le pertenece a Dios. Salgan de ella, ¡ahora!".

Ella tosió y escupió mocos durante unos diez minutos, pero después quedó libre. Más tarde, se acercó al micrófono y contó su historia de cómo había sido atormentada por voces pero ahora era libre. Dijo: "Quiero que sepan que el obispo Tom Brown es un verdadero hombre de Dios. Escuchen sus enseñanzas".

Tras el servicio, una joven a la que no conocía se acercó a mí y dijo: "Tengo miedo. Sentí que los demonios de esa mujer me estaban atacando. Pero no les dejé entrar. Aun así, ¿podría usted orar para que Dios me proteja?".

Lo hice, y ella sintió una gran paz.

Esta joven era nueva en el cristianismo. Nunca antes había experimentado el poder de Dios como lo hizo ese día. Muchas personas fueron llenas de un temor santo después de ser testigos de este evento. El dramático exorcismo fue muy significativo para los que querían seguir a Cristo. Vieron por sí mismos que el poder de Dios es real. Esa joven reconoció a un verdadero hombre de Dios a través del exorcismo.

Aunque yo he sido ordenado en el ministerio, mi acreditación viene del Espíritu Santo. Es triste que muchos ministros solo tengan títulos de las escuelas bíblicas; no tienen la acreditación de Dios que se manifiesta mediante señales y prodigios.

Jesús fue criticado por los líderes religiosos por no tener la aprobación del hombre. Sin embargo, sus acusadores no podían explicar sus milagros. El poder del Espíritu Santo era su acreditación. Y esto es también lo que el Espíritu Santo hará por usted. Usted será acreditado por el poder del Espíritu.

SIETE

¿SON LAS LENGUAS LA EVIDENCIA?

Quizá el tema más controvertido asociado al bautismo del Espíritu Santo es hablar en lenguas. Algunos cristianos creen que uno debe ser lleno del Espíritu para hablar en lenguas; otros dicen que no, que se puede tener el bautismo en el Espíritu sin la evidencia de hablar en lenguas. Abramos nuestro corazón a la Palabra de Dios:

> *Estas señales acompañarán a los que crean: en mi nombre expulsarán demonios; hablarán en nuevas lenguas; tomarán en sus manos serpientes; y cuando beban algo venenoso, no les hará daño alguno; pondrán las manos sobre los enfermos, y éstos recobrarán la salud.* (Marcos 16:17–18)

Hablar en lenguas siempre destacará como un don único del Espíritu. Este don no aparece en el Antiguo Testamento ni tampoco durante la vida terrenal de Jesús. Es distintivo de la era de la gracia. Lucas tenía una buena razón para escribir acerca del don de hablar en lenguas como el don principal que se otorga a los nuevos creyentes cuando reciben el Espíritu. Y es que otros dones, como la sanidad y los milagros, aparecían en el Antiguo Testamento, pero no el de hablar en lenguas. Si los discípulos hubieran hecho solo milagros que ya se habían hecho en el Antiguo Testamento, ¿cómo demostraría eso que se había instituido ese distinguido Nuevo Pacto? Hablar en lenguas fue la señal que introdujo el Nuevo Pacto, y lo sigue demostrando hoy día. Veamos cómo el don de lenguas caracteriza la experiencia de salvación de los nuevos creyentes:

> *Cuando llegó el día de Pentecostés, estaban todos juntos en el mismo lugar. De repente, vino del cielo un ruido como el de una violenta ráfaga de viento y llenó toda la casa donde estaban reunidos. Se les aparecieron entonces unas lenguas como de fuego que se repartieron y se posaron sobre cada uno de ellos. Todos fueron llenos del Espíritu Santo y comenzaron a **hablar en diferentes lenguas**, según el Espíritu les concedía expresarse.* (Hechos 2:1–4)

> *Mientras Pedro estaba todavía hablando, el Espíritu Santo descendió sobre todos los que escuchaban el mensaje. Los defensores de la circuncisión que habían llegado con Pedro se quedaron asombrados de que el don del Espíritu Santo se hubiera derramado también sobre los gentiles, pues los oían **hablar en lenguas** y alabar a Dios.* (Hechos 10:44–46)

> *Cuando Pablo les impuso las manos, el Espíritu Santo vino sobre ellos, y empezaron a **hablar en lenguas** y a profetizar.* (Hechos 19:6)

Estas son las tres ocasiones en que se menciona hablar en lenguas en el libro de los Hechos. Hay otros dos incidentes de personas que reciben el Espíritu por primera vez, pero no se mencionan las lenguas ni ninguna otra manifestación espiritual; sin embargo, los dos ejemplos implican algún tipo de manifestación física. El primer ejemplo ocurre cuando los apóstoles oraron por los recién convertidos de Samaria, para que recibieran el Espíritu Santo:

> *Entonces Pedro y Juan les impusieron las manos, y ellos recibieron el Espíritu Santo. Al ver Simón que mediante la imposición de las manos de los apóstoles se daba el Espíritu Santo, les ofreció dinero y les pidió: —Denme también a mí ese poder, para que todos a quienes yo les imponga las manos reciban el Espíritu Santo.* (Hechos 8:17–19)

Aunque no se menciona el hecho de hablar en lengua en el pasaje, Simón sí vio algún tipo de manifestación no definida del Espíritu: *"Al ver Simón que...se daba el Espíritu Santo"* (versículo 18). ¿Qué vio? No hay una explicación consensuada, así que nos quedamos sin saberlo.

El segundo ejemplo ocurre cuando Pablo, cuyo antiguo nombre era Saulo, recibió el Espíritu cuando se hizo un nuevo creyente:

> *Ananías se fue y, cuando llegó a la casa, le impuso las manos a Saulo y le dijo: "Hermano Saulo, el Señor Jesús, que se te apareció en el camino, me ha enviado para que recobres la vista y seas lleno del Espíritu Santo." Al instante cayó de los ojos de Saulo algo como escamas, y recobró la vista. Se levantó y fue bautizado.* (Hechos 9:17–18)

La única manifestación espiritual mencionada aquí es la recuperación de la vista de Pablo. Sin embargo, la recuperación de la vista fue solo una de las dos cosas que Ananías hizo; la otra fue dirigir a Pablo a ser *"lleno del Espíritu Santo"* (versículo 17). Ahora bien, sí sabemos que Pablo hablaba en lenguas, porque escribió: *"Doy gracias a Dios porque hablo en lenguas más que todos ustedes"* (1 Corintios 14:18). Así que ¿habló él en lenguas cuando Ananías impuso sus manos sobre él para que *"recobres la vista y seas lleno del Espíritu Santo"*? No lo sabemos de cierto; lo único que sabemos de cierto es que Pablo fue lleno del Espíritu y que habló en lenguas, en algún momento u otro.

De estos dos ejemplos sabemos que en un caso el hablar en lenguas ocurrió en el candidato, Saulo, después llamado Pablo. En el caso de los habitantes de Samaria, es muy posible que hablaran en lenguas, pero la Biblia no lo menciona específicamente.

Hablar en lenguas es normal

Creo que la evidencia bíblica es clara: cuando alguien recibe por primera vez al Espíritu Santo, hablar en lenguas es una manifestación acompañante común. Uso la palabra *común* en vez de decir que ocurre siempre. Dios es soberano y obra de forma distinta con toda la gente. No podemos encerrar a Dios en un molde y suponer que siempre debe actuar de cierta manera. Sin embargo, en la narración que nos da Lucas, hablar en lenguas es una manifestación normal y común del bautismo en el Espíritu Santo. (Véase Hechos 2:1–4; Hechos 10:44–46; Hechos 19:1–7). Por lo tanto, animo a las personas a que esperen este don.

Hablar en lenguas no es la única manifestación del Espíritu que menciona Lucas. En el primer ejemplo, él menciona el *"ruido como el de una violenta ráfaga de viento"* (Hechos 2:2) y *"lenguas como de fuego que se repartieron y se posaron sobre cada uno de ellos"* (versículo 3).

El segundo ejemplo es el de Cornelio. La gente que fue llena del Espíritu hizo dos cosas: hablar en lenguas y alabar a Dios. (Véase Hechos 10:46). Alabar a Dios es otra señal del Espíritu.

Y el ejemplo final de los discípulos en Éfeso mostró que el don de profecía acompaña también al bautismo del Espíritu: *"Empezaron a hablar en lenguas y a profetizar"* (Hechos 19:6).

Estos tres ejemplos de nuevos convertidos demuestran todos ellos otras manifestaciones también. Creo que podríamos concluir que, además de las lenguas, podemos y deberíamos esperar también otras manifestaciones del Espíritu.

Pentecostales sin lenguas

Parece casi herético hablar de un creyente pentecostal que no tenga el don de lenguas, pero ocurre. La historia de la iglesia está llena de personas que fueron dotadas en otras manifestaciones del Espíritu. ¿Qué conclusión debemos sacar? ¿Que nunca recibieron el Espíritu Santo? Claro que no, porque ¿cómo manifestarían los dones del Espíritu sin el Espíritu? Por supuesto que fueron llenos del Espíritu; simplemente no tuvieron la manifestación común de las lenguas. Mientras usted exhiba aunque solo sea una manifestación del Espíritu, puede estar seguro de que ha sido bautizado en el Espíritu. Una manifestación es la confirmación de que usted es hijo de Dios. Es triste que el bautismo del Espíritu, que debe ser para darle la seguridad de que le pertenece a Dios, a menudo se debata hasta tal punto que otros creyentes que no hablan en lenguas estén preocupados por la posibilidad de que no sean salvos. Mientras usted tenga aunque solo sea un don del Espíritu, usted tiene al Espíritu.

No se preocupe si no ha hablado en lenguas. ¿Tiene otros dones del Espíritu actuando en usted? Si es así, entonces alégrese de tener la evidencia del bautismo en el Espíritu. Quizá no sea la evidencia común, pero sigue siendo una evidencia sobrenatural.

OCHO

CÓMO RECIBIR EL ESPÍRITU SANTO

A estas alturas, puede que esté diciendo: "Lo entiendo. Creo en el bautismo en el Espíritu Santo. Lo quiero ahora. ¿Cómo recibo el Espíritu Santo?".

Así es como usted recibe el Espíritu.

Tener sed

Primero, debe tener sed de ello.

En el último día, el más solemne de la fiesta, Jesús se puso de pie y exclamó: —¡Si alguno tiene sed, que venga a mí y beba! De aquel que cree en mí, como dice la Escritura, brotarán ríos de agua viva. Con esto se refería al Espíritu que habrían de recibir más tarde los que creyeran en él" (Juan 7:37–39)

Si usted no tiene sed, no dará un trago de agua. Si no está interesado en el Espíritu Santo, no lo recibirá. Deberíamos destacar que Jesús dijo a sus discípulos que esperasen el Espíritu Santo: "—No se alejen de Jerusalén, sino esperen la promesa del Padre, de la cual les he hablado" (Hechos 1:4). Cuando estoy hambriento, esperar me da más hambre. Cuanto más espero algo, más lo quiero. Así es como debemos sentirnos respecto al Espíritu. Debe quererlo profundamente, como si no pudiera vivir sin Él. Debe estar sediento. Si no tiene sed de Él, es muy poco probable que beba de los *"ríos de agua viva"*.

Pedirlo

Segundo, debe pedir el Espíritu con sinceridad, porque en Lucas 11:13 Jesús dijo: *"¡Cuánto más el Padre celestial dará el Espíritu Santo a quienes se lo pidan!"* Debe pedirlo. La palabra *"pedir"* no significa hacer una sencilla y rápida petición, sino que conlleva innata la idea de pedir algo que uno anhela. Es un anhelo desesperado. Sugiere una desesperación tal, que uno sigue pidiendo hasta que recibe su petición. La versión inglesa amplificada traduce este pasaje de un modo más literal, diciendo que el Padre celestial dará el Espíritu Santo a los que piden y no dejan de pedírselo. No deje de pedir solamente porque no ha recibido el don. Siga pidiendo.

Alguien me dijo una vez: "Bueno, intenté recibir el bautismo en el Espíritu. Pedí a otros que orasen por mí, pero no ocurrió nada. Imagino que no es para mí".

Esta persona no ha llegado a entender que pedir el don significa seguir pidiendo hasta que ocurra algo. La persona persistente no aceptará un no como respuesta. Si tiene la sed suficiente, y es lo suficientemente valiente para seguir pidiendo, *recibirá* el don del Espíritu.

Recibirlo

Debe recibir el Espíritu Santo. Dios da, pero usted debe recibir. Para recibir, usted debe ceder el control de su lengua al Espíritu Santo y dejar que Él la use para darle un lenguaje celestial. Muchos hacen difícil el hecho de que Dios pueda bendecirles con el don de lenguas. Deciden en su mente cerrar su boca, para que si su boca se abre por arte de magia y sale un lenguaje distinto, así sabrán que es de Dios. No quieren pensar que están "ayudando" a Dios a darles el don de lenguas.

Escuche, usted no es una marioneta mediante la cual Dios le hace hablar en lenguas como un ventrílocuo hace que una marioneta hable. No funciona así. Usted es el que habla. Dios dará el poder. *"Todos fueron llenos del Espíritu Santo y comenzaron a hablar en diferentes lenguas, según el Espíritu les concedía expresarse"* (Hechos 2:4). El término *"concedía"* significa proveer los medios. El Espíritu Santo le da la capacidad de hablar en lenguas, pero usted debe hablar. No es el Espíritu el que habla, sino usted. El Espíritu es el poder; usted es el conducto. Deje que el don fluya a través de usted. Depende de usted cuándo y dónde se manifestará el don de hablar en lenguas.

Creerlo

Finalmente, lo que más necesita usted es fe. *"Así sucedió, para que, por medio de Cristo Jesús, la bendición prometida a Abraham llegara a las naciones, y para que por la fe recibiéramos el Espíritu según la promesa"* (Gálatas 3:14). La evidencia mayor de recibir el Espíritu es *"fe"*. ¿Qué es fe? *"Es, pues, la fe la certeza de lo que se espera, la convicción de lo que no se ve"* (Hebreos 11:1, rvr-1960). Hemos estado hablando de la "evidencia" de la morada del Espíritu; sin embargo, la fe cree incluso cuando no se ha producido evidencia alguna. Recibimos la promesa del Espíritu *"por la fe"*.

Si usted deja de creer, entonces no hay fe para dar "certeza a lo que se espera". Una traducción de este versículo dice: "[Fe] *la confianza de que en verdad sucederá lo que esperamos"* (Hebreos 11:1, ntv). No debe perder la fe cuando ora por el Espíritu Santo. Siga creyendo.

Que alguien imponga manos sobre usted

Aunque es posible recibir el Espíritu sin la imposición de manos, se recomienda que alguien imponga manos sobre usted. Creo que lo mejor es que un verdadero ministro del evangelio imponga sus manos sobre usted para recibir el Espíritu. Recuerde que Felipe el evangelista era un ministro poderoso y fue usado grandemente en milagros (véase, por ejemplo, Hechos 8:26–39), incluyendo echar fuera demonios, pero los apóstoles fueron los que impusieron manos sobre los convertidos para que fueran llenos del Espíritu (véase Hechos 8:14–17).

El bautismo en el Espíritu Santo se convirtió en algo tan importante que en el segundo siglo, preocupados y cautelosos por preservar la integridad de la experiencia, solo los obispos, supervisores de las iglesias y de otros pastores principales, imponían manos sobre los nuevos convertidos para recibir el bautismo en el Espíritu Santo. Incluso hoy día dentro de las iglesias católica, ortodoxa y anglicana, los obispos imponen manos sobre los nuevos creyentes para impartir el Espíritu Santo.

La Biblia, sin embargo, no requiere que un obispo imponga manos sobre usted. Esta es la prueba bíblica: Ananías era un discípulo común, pero impuso manos sobre Pablo para que recibiera el Espíritu Santo.

Había en Damasco un discípulo llamado Ananías.…Ananías se fue y, cuando llegó a la casa, le impuso las manos a Saulo y le dijo: "Hermano Saulo, el Señor Jesús, que se te apareció en el camino, me ha enviado para que recobres la vista y seas lleno del Espíritu Santo". (Hechos 9:10, 17)

Esto demuestra que los discípulos comunes pueden imponer manos sobre otros para que reciban el Espíritu Santo; no obstante, es una costumbre que lo hagan los ministros.

Es una bendición recibir el bautismo en el Espíritu Santo mediante la imposición de manos. Después, cuando le haya ocurrido, actúe en fe y comience a poner en práctica los dones del Espíritu que haya recibido, incluyendo el hablar en lenguas.

Haga esta oración para recibir el Espíritu Santo:

Dios Padre, gracias por salvarme de mis pecados. Soy tu hijo. Tu Palabra dice que si te pido el Espíritu Santo, tú me lo darás. No tengo miedo a los dones del Espíritu porque sé que son buenos para mí, y quiero todos los dones que quieras darme. Así que, en este momento, te pido que me des el Espíritu Santo. Lo recibo en mi vida. Estoy siendo bautizado en el Espíritu Santo. Pido esto en el nombre de Jesús, amén.

Ahora, entregue todo su cuerpo al Espíritu Santo. Comience primero por su lengua alabando a Dios. Después de alabarle en su propio idioma, comience a alabarle en el nuevo lenguaje que el Espíritu le da llamado lenguas. Verá que este don probablemente llegará a su vida. No es el único don que vendrá; anticipe que seguirán otros dones después. Satanás temblará cuando usted haga esta oración y reciba los dones del Espíritu Santo, sabiendo que le están transfiriendo las armas de la guerra espiritual.

Ahora, como ha orado pidiendo el Espíritu Santo, es el momento de aprender acerca de los nueve dones del Espíritu que acompañan al bautismo del Espíritu y comenzarán a fluir por medio de usted. Porque¿cómo puede recibir los dones del Espíritu si no los conoce? En la siguiente sección, le explicaré los dones del Espíritu: cuáles son, cómo operan (dando ejemplos de cómo obran), y cómo puede recibirlos en su vida.

PARTE 2

LOS DONES DEL ESPÍRITU SANTO

NUEVE

IGNORANCIA Y RECHAZO DE LOS DONES

No quiero, hermanos,
que ignoréis acerca de los dones espirituales.
—1 Corintios 12:1, RVR-1960

Hubo un tiempo en mi vida en que ignoraba por completo los dones del Espíritu y, por lo tanto, no los tenía en mi vida. Era salvo, amaba al Señor y leía la Biblia, pero seguía sin haber dones en mi vida. La ignorancia no es una dicha. La ignorancia le impide disfrutar de todos los dones de Dios. Además, ignorar el Espíritu también le impedirá experimentar sus dones. Menospreciar abiertamente sus dones le impedirá sin lugar a duda caminar en el poder del Espíritu Santo.

Ignorancia de los dones

Primero, veamos por qué algunas personas ignoran acerca de los dones.

Los que no están informados

No puede creer en algo de lo que no ha oído. *"¿Y cómo creerán en aquel de quien no han oído?"* (Romanos 10:14). Así como las personas no pueden creer en Jesús si no han oído de Él, del mismo modo los cristianos no pueden creer en los dones del Espíritu si no han oído de ellos.

El objetivo de este libro es enseñarle acerca de los dones, incluyendo lo que son, cómo funcionan y nuestra parte en su ministerio. Si nunca ha experimentado los dones del Espíritu, siga leyendo; aprenderá cuáles son y así podrá buscarlos y anticiparlos en su vida.

Los que están mal informados

Algunas empresas prefieren contratar a personas que acaban de salir de la universidad para evitar que tengan que "desaprender" los malos hábitos que hayan podido adquirir en trabajos anteriores. Es más difícil desaprender que aprender.

Es peor estar *mal* informado que *no* estar informado, porque es menos probable que aceptemos la corrección que aprendamos algo por primera vez. Cuando aprendemos algo por primera vez, esto se convierte en parte de nuestro sistema de creencias.

Permítame ser honesto con usted: es posible que si sabe poco acerca de los dones del Espíritu, haya aprendido algo erróneo acerca de ellos. Si es así, espero que este libro le desafíe. Parte de lo que diré será contrario a cosas que en algún momento alguien le enseñó.

Algunas personas están mal informadas respecto al *significado* de los dones. Se les enseñó que los dones espirituales son talentos naturales en vez de capacidades sobrenaturales. Por ejemplo, el don de sanidad es bastante simple de entender. Sin embargo, si usted tiene tendencia a menospreciar los milagros, entonces quizá entienda este don de manera distinta a como Pablo quería que se entendiera. Algunos cristianos de hecho enseñaron que el don de sanidad es meramente la habilidad de un médico. Yo aprecio a los médicos, pero Pablo no los tenía en mente cuando mencionó el don de sanidad. Estaba pensando más en el don sobrenatural de la sanidad que Jesús exhibió en su vida.

Algunos cristianos malinterpretan el hablar en lenguas, enseñando que es la capacidad de hablar en lenguas extranjeras. Aunque aprender lenguas extranjeras es admirable, Pablo no lo tenía en mente cuando escribió acerca de hablar en lenguas. Estaba pensando en las lenguas desconocidas que *"nadie le entiende"* (1 Corintios 14:2).

Es importante entender cómo la Biblia interpreta los dones espirituales; y recuerde: los dones del Espíritu solo se dan a los que tienen el Espíritu. Los médicos o los especialistas en lenguas extranjeras sin duda están dotados, pero no tienen los dones espirituales solamente debido a sus habilidades. Estos dones solo se dan a los creyentes nacidos de nuevo, llenos del Espíritu.

Ignorar los dones

Ignorar los dones es un gran problema en algunas iglesias carismáticas y pentecostales. Si alguna iglesia debería moverse en los dones del Espíritu, debería ser estos tipos de iglesias. Ellas conocen los dones y entienden cómo funcionan, pero algunas iglesias los ignoran igualmente. Ignorar los dones no significa que una persona no crea en ellos; solo significa que tal persona no les está prestando atención, o al menos una atención o consideración especial.

He visto que esto ocurre así en muchos lugares. Oigo grandes sermones, mensajes inspiradores e incluso oraciones llenas de fe, pero los dones del Espíritu son ignorados. El líder y la congregación de estas iglesias no prestan atención a los dones. No es una prioridad en su caminar de fe.

Algunas personas ignoran los dones a propósito, porque no quieren que se burlen y mofen de ellos. La gente en los tiempos de Jesús se burlaba y le criticaba. Le acusaban de echar fuera demonios por el príncipe de los demonios. (Véase Mateo 12:22–32). Si usted es sensible a la crítica, se pondrá nervioso, incluso le avergonzará, usar los dones del Espíritu.

El pastor Jeff me escribió, y dijo: "Necesitamos que venga a Florida porque estamos cansados de ser una iglesia sensible a los incrédulos. Queremos ser una iglesia sensible al Espíritu". Se dio cuenta de que estaban sirviendo al mundo como una empresa de catering en vez de honrar al Espíritu Santo.

Estaba yo predicando en Canadá cuando un hombre se acercó a mí, y dijo: "Usted tiene lo que yo estoy buscando. Solía asistir a una iglesia pentecostal pero me fui para ir a una iglesia sensible a los incrédulos. Me encantan los dones, pero mi iglesia pentecostal no estaba llevando a muchas personas a Cristo, y la iglesia sensible a los incrédulos sí. Ahora me doy cuenta, a través de su ministerio, de que podemos tener ambas cosas".

Creo que es posible ser sensible a la cultura y las filosofías que me rodean y a la vez ser sensible al Espíritu Santo, primero y por encima de todo. Esto es lo que Pablo tenía en mente cuando escribió:

> *Así que, si toda la iglesia se reúne y todos hablan en lenguas, y entran algunos que no entienden o no creen, ¿no dirán que ustedes están locos? Pero si uno que no cree o uno que no entiende entra cuando todos están profetizando, se sentirá reprendido y juzgado por todos, y los secretos de su corazón quedarán al descubierto. Así que se postrará ante Dios y lo adorará, exclamando: "¡Realmente Dios está entre ustedes!".*

(1 Corintios 14:23–25)

Pablo era sensible al abuso y la ignorancia de los dones en la iglesia. No quería que la iglesia asustase a los no creyentes o las personas que no estaban informadas, así que les advirtió que no abusaran del don de lenguas al usarlo sin interpretación. Observemos que Pablo no llegó a la conclusión de que sería mejor no tener ningún don; en vez de eso dijo que la profecía, cuando se usa adecuadamente, puede convencer a la gente: *"Así que se postrará ante*

Dios y lo adorará, exclamando: «¡Realmente Dios está entre ustedes!»".
Los dones pueden tocar a los no creyentes.

Cuando los no creyentes oyen que Dios está sanando a gente en mi iglesia, rápido vienen a las reuniones. La sanidad divina es una gran herramienta para alcanzara no creyentes.

Hasta la fecha, se me han acercado cuatro productores de televisión hablándome de la posibilidad de hacer mi propio *reality show* en televisión. ¿Estaban interesados en mí simplemente porque doy sermones inspiradores? No. Es porque los dones del Espíritu funcionan en mi vida. Los productores de televisión saben que el público está interesado en poderes y liberaciones milagrosas de espíritus inmundos. La gente busca evidencia de una demostración del poder del Espíritu.

Finalmente, algunas personas son ignorantes acerca de los dones no por vergüenza o temor, sino por ciega negligencia. Puede que no ignoren los dones adrede, pero se meten en una rutina, volviéndose complacientes, perezosos y apáticos. Todos tendemos a caer en una rutina. Si no tenemos cuidado, podemos aburrirnos en nuestro caminar con Dios, e incluso en nuestros servicios de iglesia. Cuando una persona está en una rutina, su caminar es predecible. Esté abierto al mover del Espíritu Santo. Esté abierto a la sanidad y la liberación. Esté abierto al don de profecía. Deje que el Espíritu haga lo que quiera hacer.

Uno de mis ancianos, Rey, me dijo que un joven pasó al frente pidiendo oración por su tío, que estaba muriendo. Rey comenzó a orar: "Dios me muestra que tu tío no va a morir. No importa lo queocurra, cree que Dios hará un milagro".

El hombre creyó lo que le dijo el anciano Rey. Parecía desalentador. Su tío empeoró, y toda su familia se despidió de él. Pero este joven les dijo a todos: "Yo he orado por nuestro tío, y un anciano de mi iglesia me dio una palabra de Dios diciendo que viviría".

La familia creyó, y pusieron a su familiar en manos de Dios pidiendo un milagro. Así fue, el tío tuvo una rápida recuperación y fue sanado. El hombre sanado vino a nuestra iglesia para celebrar su vida, y tenía muy buen aspecto.

El apóstol Guillermo Maldonado está siendo usado ahora para apresurar a la iglesia a moverse en lo sobrenatural. Está ayudando a las iglesias a salir de sus rutinas. Como él, yo también animo a mis miembros a ser sensibles al Espíritu Santo, a no ignorarle sino a dejar que obre en ellos y a través de ellos. El diablo no teme a los cristianos estancados, pero teme a los cristianos que se mueven en los dones del Espíritu. Solo cuando usted presta atención al Espíritu es cuando puede ver a Dios obrando en su vida y al diablo yéndose de su vida.

DIEZ

SE VUELVEN A OÍR LAS CAMPANAS

Cuando llegó el siglo XX había poca evidencia de milagros y sanidades en las iglesias; por lo general, la mayoría de las iglesias estaban estancadas y en una rutina. Raras veces veían los dones del Espíritu. No fue hasta que unos pocos predicadores de la "santidad" en Azusa, California, comenzaron a buscar el bautismo en el Espíritu Santo que comenzó el movimiento pentecostal moderno. Hoy día, más de quinientos millones de cristianos afirman ser pentecostales, siendo ya el segmento del cristianismo con más rápido crecimiento del mundo. Y el movimiento pentecostal está impactando incluso grandes iglesias denominacionales. Este mover moderno del Espíritu Santo es profético, y por eso señala el inminente regreso de Cristo. Permítame explicar por qué.

Creo que la respuesta reside en el entendimiento del papel de Jesús como nuestro Sumo Sacerdote. Los sumos sacerdotes vestían unas túnicas que tenían granadas y campanas de oro puro alrededor del borde, lo cual simbolizaba el fruto y los dones del Espíritu Santo: las granadas simbolizaban el fruto del Espíritu; las campanas representaban los dones del Espíritu. Así, los sumos sacerdotes simbólicamente llevaban tanto el fruto como los dones del Espíritu. (Véase Éxodo 39:22–26).

Pablo llamó a los platillos que hacen ruido en las túnicas los dones del Espíritu: *"Si hablo en lenguas humanas y angelicales, pero no tengo amor, no soy más que un metal que resuena o un platillo que hace ruido"* (1 Corintios 13:1). Los platillos que hacen ruido pueden ser los dones del Espíritu. Las granadas son, por supuesto, el fruto del Espíritu.

En el Antiguo Testamento, cuando el sumo sacerdote dejaba al pueblo y entraba en el lugar santísimo, los israelitas oían los platillos que hacían ruido de su túnica y, por lo tanto, sabían que estaba vivo. Lo mismo ocurre con Cristo. Jesús es nuestro Sumo Sacerdote; Él llevó la túnica de fruto y dones del Espíritu. Después de morir y resucitar, ascendió al cielo para desempeñar la función de Sumo Sacerdote. ¿Cómo sabían los discípulos que Él estaba actuando como Sumo Sacerdote de Dios cuando entró en el cielo, desempeñando la obra *"en el santuario, es decir, en el verdadero tabernáculo levantado por el Señor y no por ningún ser humano"* (Hebreos 8:2)? Es sencillo. Ellos podían oír las campanas del borde de su manto; o en otras palabras, los dones activos del Espíritu confirmaban que Jesús estaba vivo y que intercedía por nosotros como nuestro Sumo Sacerdote. Los discípulos sabían que Cristo estaba vivo a la diestra de Dios, porque manifestó el don de lenguas y otros dones más. Los dones del Espíritu eran prueba de que Jesús, nuestro Sumo Sacerdote, estaba sirviendo en el santuario en el cielo.

Contenga la respiración

¿Cómo, entonces, se relaciona esto con la aparente desaparición de los dones? ¿Y por qué digo que la restauración de los dones del Espíritu es una señal de que Jesús está a punto de regresar de nuevo? Déjeme explicarlo.

Para entender esto mejor, regresemos al anuncio del ministerio sacerdotal de Cristo. Un sumo sacerdote del Antiguo Testamento sacrificaba un cordero y llevaba su sangre al templo, donde había dos salas: una se llamaba el lugar santo y la otra se llamaba el lugar santísimo. Entraba a puerta cerrada y ministraba ante el Señor en la primera sala. La única manera de que la gente fuera del templo supiera que todo iba bien dentro era por el sonido de las campanas. Mientras ellos oyeran las campanas, sabían que el sacerdote estaba vivo y que seguía ministrando.

Después el sumo sacerdote entraba en la segunda sala llamada el lugar santísimo: una salita pequeña detrás de una cortina muy gruesa. Cuando entraba en esa salita, la cortina gruesa absorbía el sonido de las campanas, con lo cual ellos no podían seguir oyendo las campanas. No había confirmación de que estaba vivo, y todos esperaban conteniendo el aliento. ¿Seguía vivo el sacerdote y ministrando por ellos ante el Señor o había caído fulminado?

Cuando el sumo sacerdote terminaba su obra en el lugar santísimo, salía de la sala y regresaba a la primera sala: el lugar santo. Cuando ocurría esto, la gente podía volver a oír las campanas, lo cual era una confirmación de que estaba vivo. Entonces el sumo sacerdote salía momentáneamente del templo para que la gente lo viera.

La confirmación de que Jesús está vivo

¿Cómo sabían de cierto los discípulos que Cristo estaba aún vivo a la diestra de Dios? Lo sabían porque experimentaron los dones del Espíritu. El clarín de las campanas de Cristo anunciaba a toda la gente que Él seguía vivo y ministrando delante de Dios por nosotros.

Sin embargo, así como el sacerdote terrenal pasaba tras la cortina en el lugar santísimo, también Cristo entró en el lugar santísimo, donde las campanas dejarían de oírse hasta que estuviera listo para salir del templo. Así, durante casi ochocientos años (desde el siglo XX al siglo XVIII), las campanas de Cristo, los dones del Espíritu, apenas se oían. Por fe, los cristianos creían que Cristo seguía vivo y ministrando como Sumo Sacerdote por ellos, aunque, salvo un milagro raro y ocasional, no tenían ninguna confirmación sobrenatural que lo demostrara.

Pero algo ocurrió en el siglo pasado. En 1906, un pequeño grupo de creyentes hambrientos en Azusa, California, experimentó el bautismo en el Espíritu Santo, con la evidencia de hablar en lenguas. Personas de todo el mundo acudieron en masa a esa pequeña misión para recibir el bautismo del Espíritu, y cientos de miles lo experimentaron. Desde entonces, millones de creyentes en todo el mundo han recibido el bautismo en el Espíritu, con las manifestaciones, o dones, del Espíritu. Este movimiento llegó a ser conocido como "pentecostalismo", aunque también a veces se denominó "carismático", el movimiento religioso de más rápido crecimiento en el mundo.

Hace poco más de un siglo, usted no hubiera sido capaz de encontrar a muchas personas que hablaran en lenguas. Hoy día, puede encontrarlas por todas partes. Más creyentes que nunca antes están siendo bautizados ahora en el Espíritu Santo, ¿Qué está sucediendo?

Jesús salió del lugar santísimo

¿Podría ser que nuestro Sumo Sacerdote, Jesús, haya salido del lugar santísimo, para que podamos volver a oír las campanas? Y en breve, Él saldrá del templo y todos lo verán. Creo que este nuevo y fresco derramamiento del Espíritu es una de las últimas señales del regreso de Jesucristo.

Los discípulos le preguntaron al Señor cuál iba a ser la señal de su regreso. Jesús dijo que ocurrirían muchas cosas antes de la señal final: terremotos, guerras, hambrunas, e incluso apostasía. Pero todo esto sería solo el comienzo de los dolores de parto. Todo esto ocurriría primero, pero el fin sería después.

La señal final es esta: *"Y este evangelio del reino se predicará en todo el mundo como testimonio a todas las naciones, y entonces vendrá el fin"* (Mateo 24:14). La última señal es un avivamiento mundial. Observemos que dijo que este evangelio sería predicado como *"testimonio"*. Un testimonio es una evidencia innegable. Jesús dijo: "Ustedes serán mis testigos cuando el Espíritu Santo venga sobre ustedes". (Véase Hechos 1:8). Esencialmente, estaba diciendo que tendremos una prueba sobrenatural de que Él está vivo cuando el Espíritu Santo venga sobre nosotros. Los dones del Espíritu serán nuestra prueba sobrenatural.

La iglesia tuvo prueba sobrenatural durante los primeros mil años, pero durante los ochocientos años sucesivos, la prueba sobrenatural casi desapareció…hasta ahora. Tenemos prueba sobrenatural porque podemos oír las campanas. Y predicaremos el evangelio a todo el mundo como testimonio de Él. Entonces vendrá el fin y el Señor Jesús será revelado desde el cielo.

Por mucho que Satanás lo intente, él no puede obstruir nuestra escucha. Verdaderamente estamos experimentando grandes señales y maravillas del Espíritu Santo. ¿Está listo para participar en el último y mayor avivamiento que el mundo ha conocido jamás? Necesitaremos este avivamiento, porque la Biblia predice un gran decrecimiento de creyentes justo antes de que Jesús regrese. Y las únicas armas que nos impedirán caer son los dones del Espíritu. Tiene que estar listo para moverse en los dones sobrenaturales del Espíritu.

ONCE

LOS DONES SON SOBRENATURALES

Cuando era un creyente joven, memoricé los nueve dones del Espíritu clasificándolos en tres grupos.

+ Primero están los dones de revelación: la palabra de sabiduría, la palabra de conocimiento y distinguir entre los espíritus.

+ Segundo están los dones de poder: fe, milagros y sanidad.

+ Tercero están los dones orales: profecía, lenguas y la interpretación de lenguas.

Aunque las categorías puedan solaparse un poco, descubrí que categorizar los dones es una forma muy útil de recordarlos. Espero que esto le ayude a usted también.

Trinidad

Ahora bien, hay diversos dones, pero un mismo Espíritu. Hay diversas maneras de servir, pero un mismo Señor. Hay diversas funciones, pero es un mismo Dios el que hace todas las cosas en todos. A cada uno se le da una manifestación especial del Espíritu para el bien de los demás.

(1 Corintios 12:4–7)

Pablo comienza su discurso sobre los dones del Espíritu subrayando que, incluso antes de la llegada del Espíritu Santo en Pentecostés, Dios Padre y su Hijo, Jesús, ya nos han estado impartiendo a sus hijos dones especiales. Nosotros recibimos esos dones en etapas distintas de nuestra vida. Las tres etapas más importantes son (1) cuando nacemos, (2) cuando nacemos de nuevo, y (3) cuando somos llenos del Espíritu.

Dios Padre produjo *"diversas funciones"* cuando cada uno de nosotros nació. Además, Jesús el Señor impartió *"diferentes maneras de servir"* a cada uno de nosotros cuando nacimos de nuevo. Por último, el Espíritu Santo nos da dones sobrenaturales cuando somos llenos de Él.

1. Dios Padre da talentos naturales cuando nacemos.

2. Jesús nuestro Señor da dones ministeriales cuando nos convertimos.

3. El Espíritu Santo da dones sobrenaturales cuando somos bautizados en el Espíritu.

Antes de Pentecostés, ya nos habían sido otorgadas ciertas habilidades. A esta primera entrega lo llamo *talentos naturales*, ya que nacimos con ellos. Esto incluye los dones de personalidad. Algunos son líderes fuertes, otros grandes organizadores, y otros cantantes increíbles. Estas habilidades se nos dan al nacer. Dios Padre, nuestro Creador, es el responsable de impartir estas habilidades.

Después, cuando nacemos de nuevo, Cristo nos imparte ciertos *dones ministeriales*. Quizá usa los talentos naturales, como hablar en púbico, para hacer de alguien un predicador, o quizá transforme a un líder fuerte en un obispo. En otras palabras, Jesús toma nuestros talentos naturales dados por Dios que recibimos al nacer y los usa para el ministerio.

Este libro se enfoca en la tercera entrega de dones en nuestra vida, dones que recibimos cuando somos llenos del Espíritu Santo.

A diferencia de las dos primeras entregas, que se podrían considerar habilidades naturales, los dones del Espíritu son *dones sobrenaturales*. Repito: Dios quizá use el talento natural de una persona de hablar para hacer de él un predicador, pero el Espíritu Santo puede hacer que el mensaje de ese predicador sea sobrenaturalmente poderoso. Dios Padre proveyó talentos naturales, pero el Espíritu Santo añade su "sobre" a sus habilidades "naturales". Así, se convierten en "sobrenaturales".

Aunque no trataremos los dones naturales o los dones ministeriales, sí quiero mencionar que el denominador común entre los dones naturales y los dones del Espíritu es que todos ellos son *dones*. Usted no tuvo nada que ver con sus dones naturales. Está naturalmente predispuesto a actuar y comportarse de cierta manera. Usted puede refinar sus talentos practicando las cosas en las que es bueno, pero no puede darse a sí mismo talentos naturales. Por ejemplo, a mí me encanta cantar, pero por mucho que cante, nunca llegaré a ser un *buen* cantante. Mis cuerdas vocales, mi voz y mi falta de capacidad musical lo prohíben.

Los dones se dan gratuitamente y no se pueden ganar, y tenemos la obligación de cooperar con el Dador de nuestros dones. Por ejemplo, quizá usted es un buen cantante, y si ese es el caso, puede perfeccionar ese don trabajando para mejorar su voz y su control. Lo mismo ocurre con los dones del Espíritu. Con la ayuda de Dios, usted puede trabajar para perfeccionar los dones del Espíritu en su vida, y le mostraré cómo hacer eso. Satanás intentará desanimarle para que no crezca en sus dones. No se lo permita. Al igual que un francotirador mejora con su arma a través de la práctica, del mismo modousted puede mejorar el uso de sus dones. Tiene que mejorar, o de lo contrario, sus armas de guerra espiritual podrían volverse inútiles para usted. Ahora veamos con más detalle los dones del Espíritu Santo.

Manifestaciones

> *A cada uno se le da una manifestación especial del Espíritu para el bien de los demás. A unos Dios les da por el Espíritu palabra de sabiduría; a otros, por el mismo Espíritu, palabra de conocimiento; a otros, fe por medio del mismo Espíritu; a otros, y por ese mismo Espíritu, dones para sanar enfermos; a otros, poderes milagrosos; a otros, profecía; a otros, el discernir espíritus; a otros, el hablar en diversas lenguas; y a otros, el interpretar lenguas. Todo esto lo hace un mismo y único Espíritu, quien reparte a cada uno según él lo determina.*
>
> (1 Corintios 12:7–11)

Aquí, lo primero que menciona Pablo sobre los dones del Espíritu es que son "manifestaciones" del Espíritu. "Manifestarse" es dar a conocer lo que no se ve; hacer que algo sea claro, evidente o aparente, por lo general a la vista pero también a cualquiera de los sentidos físicos. El Espíritu Santo es invisible, pero puede manifestar su poder y sabiduría mediante sus dones. Así como el Espíritu se manifestó en forma de una paloma en el bautismo de Jesús, Él también se manifiesta de otras formas, mediante los dones del Espíritu.

Definiciones

El apóstol Pablo no define los nueve dones del Espíritu. Simplemente los enumera. Algunos son fáciles de entender, como el don de sanidad, pero otros dones, como los dones de sabiduría y conocimiento, son más difíciles de comprender. ¿Se estaba refiriendo Pablo a una palabra que uno recibe *del* Espíritu o una palabra que uno da *a* la gente? A la hora de definir dones como este, no seré dogmático; argumentar de una forma o de otra es contraproducente. Como las palabras pueden tener múltiples significados, trataré de compartir con usted los distintos entendimientos de los dones del Espíritu, a menudo desde el punto de vista pentecostal clásico, y a veces desde alguno más evangélico.

También me esforzaré al máximo por compartir con usted ejemplos de cómo los dones del Espíritu han funcionado y están funcionando en la sociedad moderna, tanto en mi propia vida como en las vidas de otros. Quiero que esta enseñanza sea revolucionaria en su vida. Quiero que usted desee estos dones. Quiero que se mueva en los dones del Espíritu. Desarrolle hambre de más de Dios. ¡Desee estos dones espirituales en su vida!

Ahora nos embarcamos en la aventura de aprender acerca de cada uno de los dones. Los explicaré en el orden en que los enumera Pablo. Tenga en mente que estos dones son sus armas para la guerra espiritual.

DOCE

PALABRA DE SABIDURÍA

A unos Dios les da por el Espíritu palabra de sabiduría.
—1 Corintios 12:8

El primer don en la lista de Pablo es la *"palabra de sabiduría"*. Era una práctica común en los tiempos bíblicos enumerar la cosa o la persona más importante primero. No todos los dones son iguales en importancia. Algunos son mayores que otros. *"Ustedes, por su parte, ambicionen los mejores dones"* (1 Corintios 12:31). Este es el caso con el don de sabiduría.

Al poner este don delante de todos los demás, Pablo nos muestra que recibir y compartir sabiduría es el mayor de todos los dones espirituales. Es el arma espiritual número uno contra Satanás, y es natural, porque el mayor atributo de Satanás es la sabiduría. La Biblia dice que Dios creó a Satanás *"lleno de sabiduría"* (Ezequiel 28:12).

No se le conoce particularmente por su fortaleza, sino que se le conoce por su intelecto. No hay forma en que podamos derrotar a Satanás con nuestra propia sabiduría. Eva lo intentó y perdió. Satanás sabe bien cómo engañar, y puede confundir incluso al hombre más inteligente. La gente ha dicho que Stephen Hawking es uno de los hombres más inteligentes del mundo, y sin embargo Satanás le engañó convenciéndole de que no hay dios. La Biblia dice: *"Dice el necio en su corazón: «No hay Dios»"* (Salmo 14:1).

Stephen Hawking ha sido engañado por Satanás, y si él no es lo suficientemente inteligente para evitar el engaño de Satanás, usted tampoco lo será. Debe confiar en la sabiduría del Espíritu Santo para derrotar a Satanás.

La sabiduría es el mejor don

Si usted le pregunta a los pentecostales cuál es el mejor don del Espíritu, quizá digan que las lenguas, sanidad o milagros, pero Pablo dice que la sabiduría es el mayor don. Los pentecostales a menudo ensalzan las demostraciones de sanidad y liberación, y aunque estos son dones importantes, especialmente para los enfermos y endemoniados, el mayor don es la sabiduría. "*La sabiduría es lo primero. ¡Adquiere sabiduría!*" (Proverbios 4:7). "*Primero*" significa lo más alto. Por lo tanto, no hay otro don más alto que el don de sabiduría.

Salomón entendió esto perfectamente bien. Dios vino a él en un sueño y le dijo que le daría cualquier cosa que quisiera; así que Salomón oró: "*Yo te pido sabiduría y conocimiento para gobernar a este gran pueblo tuyo; de lo contrario, ¿quién podrá gobernarlo?*" (2 Crónicas 1:10). Salomón pidió los dos dones que Pablo enumera primero: "*A unos Dios les da por el Espíritu palabra de **sabiduría**; a otros, por el mismo Espíritu, palabra de conocimiento...*" (1 Corintios 12:8). Estos van de la mano. Como resultado de la petición de Salomón y la concesión de sabiduría, Dios le dio lo que acompaña a la sabiduría.

> *Entonces Dios le dijo a Salomón: —Ya que has pedido sabiduría y conocimiento para gobernar a mi pueblo, sobre el cual te he hecho rey, y no has pedido riquezas ni bienes ni esplendor, y ni siquiera la muerte de tus enemigos o una vida muy larga, te los otorgo. Pero además voy a darte riquezas, bienes y esplendor, como nunca los tuvieron los reyes que te precedieron ni los tendrán los que habrán de sucederte.* (2 Crónicas 1:11–12)

Lo que vemos aquí es que las riquezas y el honor acompañan al don de sabiduría. Dios no le da a usted riquezas y honor por ser un buen chico y no pedirlos. Más bien, los deseos que tiene la gente, riquezas, honor y larga vida, se pueden conseguir por medio de la sabiduría.

Cuando yo tenía unos veinte años, llegué a casa un día después del trabajo y oí la voz de Dios. Me dijo: "Puedes obtener riqueza mediante la sabiduría". Nunca antes había oído esa frase, y me quedé un tanto perplejo cuando Dios me lo dijo. Inmediatamente protesté; no podía creer que fuera cierto. Entonces Dios me llevó a las Escrituras para verificarme sus palabras. Primero me recordó la petición de Salomón de sabiduría y cómo Dios también le dio riquezas.

Yo pensé: ¿Hay alguna diferencia entre darle a Salomón riquezas *además* de *sabiduría, versus darle riqueza* **mediante** *la sabiduría?*

El Señor, conociendo mis pensamientos, dijo: "Deja que la historia de Salomón te diga si le di riquezas *además* de sabiduría o riquezas *mediante* su sabiduría".

Dichoso el que halla sabiduría, el que adquiere inteligencia. Porque ella es de más provecho que la plata y rinde más ganancias que el oro. Es más valiosa que las piedras preciosas: ¡ni lo más deseable se le puede comparar! Con la mano derecha ofrece larga vida; con la izquierda, honor y riquezas.
(Proverbios 3:13–16)

Ahí estaba mi respuesta. Salomón escribió que la sabiduría lleva dones en sus manos: larga vida hay en su mano derecha, y riquezas y honor en su mano izquierda. En otras palabras, si recibo sabiduría, recibo lo que tiene en sus manos. La sabiduría otorga *"enriqueciendo a los que me* [Dios] *aman y acrecentando sus tesoros"* (Proverbios 8:21).

El don de la mano derecha es más importante que los dones de la mano izquierda. ¿Qué es más importante: larga vida o dinero? Creo que todos coincidiremos en que preferimos larga vida, y la sabiduría puede aumentar sus años. Por otro lado, la riqueza y el honor son menos importantes. Sin embargo, la sabiduría suplirá también esas cosas. Estas tres bendiciones son quizá algunas de las bendiciones más buscadas. La gente quiere larga vida, lo cual es resultado de una buena salud, y quieren riquezas y respeto. La sabiduría viene con ambas cosas.

¿Puede ver lo importante que es la sabiduría? Quizá no sea llamativa ni se muestre de una forma tan vistosa como algunos de los otros dones, pero es la más importante. Por favor, no trate por encima este capítulo para leer acerca de otros dones más "emocionantes"; quizá la sabiduría es lo que usted más necesita ahora mismo, especialmente si se encuentra ante la toma de una gran decisión que afectará al resto de su vida.

+ ¿Debería casarse con esa persona o no?
+ ¿Debería entrar en el ministerio o no?
+ ¿Debería seguir con su cónyuge o no?
+ ¿A qué escuela debería ir usted o sus hijos?
+ ¿En qué iglesia debería involucrarse?
+ ¿Debería permanecer en la iglesia en la que está?
+ ¿Dónde debería invertir su dinero?

Las respuestas a estas preguntas pueden determinar su éxito o fracaso. A Satanás le encantaría que usted tomara la decisión incorrecta para así poder arruinar su vida y las vidas de sus familiares y amigos. Pero con la sabiduría de Dios, usted puede tomar sabias decisiones.

No es fácil de conseguir

"Por sobre todas las cosas, adquiere discernimiento" (Proverbios 4:7). La sabiduría es el más costoso de todos los dones del Espíritu.

Es el más valioso, y a menudo le costará *"todas las cosas"* conseguirlo. Por eso muchos no lo persiguen. Quieren sabiduría y dinero y salud, pero no al costo de entregar todas las cosas. Conseguir sabiduría es demasiado costoso para la mayoría de las personas.

La palabra hebrea para *sabiduría* es *chokmah*, que literalmente significa "moler algo en". La sabiduría no se obtiene mediante osmosis. En su lugar, en un sentido, se debe moler en usted. Este proceso puede funcionar solo en un discípulo sumiso, que quiere aprender todo lo que sea posible. Tal persona estará dispuesta a sufrir humillación, dolor, sufrimiento, corrección y cualquier otra cosa que sea necesaria para llegar a ser más sabio. Sin esta actitud de humildad, no recibirá sabiduría.

Conocer el futuro

Sabiduría es la habilidad de saber cómo las decisiones y acciones de uno afectarán al mañana, la capacidad de ver más allá del presente. *"Así de dulce sea la sabiduría a tu alma; si das con ella, tendrás buen futuro; tendrás una esperanza que no será destruida"* (Proverbios 24:14). Pero como ninguno de nosotros es Dios, quien conoce el futuro, debemos depender de su sabiduría para que nos enseñe cómo nuestras palabras y obras le afectarán. La sabiduría afectará a cada área de su vida: su economía, su matrimonio, sus hijos, su ministerio, e incluso su salud. Aunque la sabiduría es espiritual, también es muy práctica. Tiene efectos del mundo real.

Un ministro y su hijo

Un ministro estaba perdiendo la batalla por su familia. Mientras a su ministerio le estaba yendo muy bien, su rebelde hijo adolescente no iba tan bien. El ministro hizo todo lo que pudo para hacerle regresar al camino recto, le corrigió, reprendió, consiguió que otros orasen por él y hablasen con él, pero nada parecía funcionar. Llevó el asunto a Dios en oración y pidió sabiduría. Dios le habló y le dijo: "El problema es que tu hijo no sabe que le amas".

De inmediato rebatió: "No es cierto. Yo amo a mi hijo".

"Sé que amas a tu hijo, pero él no sabe que le amas. Él piensa que no crees en él. Piensa que estás enojado y decepcionado con él. Así que dile que le amas".

El ministro salió con su hijo para hacer una de sus actividades favoritas. Y cerca del final de su divertido tiempo juntos, el padre le dijo al hijo: "Dios me habló y me dijo que crees que no te amo. Lo siento por haber sido tan duro. Creo que te di una impresión errónea. Te amo, hijo, a pesar de lo que hayas hecho o por lo que hayas estado pasando. Siempre creeré en ti".

Su hijo se echó a llorar. A partir de ese momento, el hijo dio un giro de 180 grados. Ahora está a cargo del ministerio de su padre y está predicando el evangelio completo.

El punto es este: Dios tuvo que revelar la verdad acerca del hijo del ministro, y le dio al padre sabiduría práctica. Esto produjo un resultado fabuloso. El ministro dice que ahora su hijo es su mejor amigo, y viceversa. Ahora gozan de una magnífica relación.

El ministro pudo haber orado por su hijo y pedir que otros hicieran lo mismo, pero al final, lo que necesitaba era un sencillo mensaje de sabiduría de parte de Dios. Por supuesto, este ejemplo no quiere decir que los padres no deban orar, corregir y entrenar a sus hijos, porque sí deben hacerlo; sin embargo, Dios advierte: "*Y ustedes, padres, no hagan enojar a sus hijos, sino críenlos según la disciplina e instrucción del Señor*" (Efesios 6:4). Deberíamos entrenar e instruir a nuestros hijos en los caminos del Señor, pero debemos tener cuidado de no pasarnos en la corrección y con ello *"enojar"* a nuestros hijos. Esto es lo que el Espíritu Santo le reveló al ministro. Del mismo modo, el Espíritu puede abrir nuestros ojos en cuanto a qué dirección tomar en cada área de nuestra vida. La sabiduría es un arma espiritual que puede llevarnos a la libertad.

Un congregante reconoce la sabiduría

Miguel y su esposa habían asistido a mi iglesia durante más de un año cuando nos reunimos para comer, y él me dijo: "Sabe, pastor, vinimos a su iglesia porque conocíamos su ministerio de liberación y necesitábamos ayuda. Después de estar aquí un año, Dios nos ha cambiado, pero no fue mediante su don de echar fuera demonios. Fue la sabiduría que nos dio a través de su predicación. Sé que la gente piensa que su don más fuerte es la liberación, pero yo creo que su don más fuerte es la sabiduría".

Me sentí halagado por los elogios de Miguel. Aunque otros me conocen como un exorcista, prefiero que me conozcan por mi don de sabiduría. Podemos enseñar todo el día sobre los dones de poder de sanidades, milagros y fe; pero, a menudo, lo que más se necesita es la sabiduría.

Incluso Jesús no fue conocido solo por sus dones de poder. La gente en la ciudad natal de Jesús preguntó: *"¿De dónde sacó éste tal sabiduría y tales poderes milagrosos?"* (Mateo 13:54). Reconocieron algo más que sus *"poderes milagrosos"*; también notaron su *"sabiduría"*. Como ministro, usted no solo debería ser conocido como un evangelista de sanidades y milagros, sino como un evangelista sabio.

Incluso es posible que la *"palabra de sabiduría"* (1 Corintios 12:8) a la que se refería Pablo fuera la predicación de la Palabra de Dios. Cuando se predica adecuadamente, la Palabra es un mensaje de sabiduría.

El contenido de este libro que tiene en sus manos es la sabiduría que Dios me ha mostrado. Muchos viajan por todo el mundo para venir a mi iglesia para que imponga manos sobre ellos, pero quizá leer este libro pueda ser más útil para que usted reciba lo que necesita en su vida. Recuerde: la sabiduría es el mejor don, y estoy compartiendo la *"palabra de sabiduría"* con usted en este momento. Recíbala.

Impartir sabiduría a través de la imposición de manos

Dios puede impartir sabiduría no solo mediante la enseñanza sino también mediante la imposición de manos. *"Entonces Josué hijo de Nun fue lleno de espíritu de sabiduría, porque Moisés puso sus manos sobre él"* (Deuteronomio 34:9). La mayoría sabemos que la salud se transfiere mediante la imposición de manos. Pero la sabiduría también puede llegar mediante la imposición de manos.

Un ministro de África vino a mi iglesia. Cuando hablamos en privado, me dijo que había recorrido una larga distancia y gastado miles de dólares porque quería que impusiera mis manos sobre él. Le pregunté qué necesitaba, y me dijo: "Necesito sabiduría. Imponga manos sobre mí como Moisés impuso sus manos sobre Josué para que pueda recibir la sabiduría que Dios le ha dado a usted". ¡Vaya! Qué oración tan distinta. Él sabía lo importante que era la sabiduría comparada con los otros dones.

Josué recibió gran sabiduría de la oración de Moisés y pudo llevar a los israelitas a la Tierra Prometida. Hizo esto no solo mediante la fuerza sino también mediante la sabiduría. Aunque Josué era un gran guerrero, su éxito no dependió solamente de su espada y su lanza. La sabiduría de Josué fue la clave para la victoria espiritual para los israelitas.

Del mismo modo, la sabiduría es la clave para la victoria espiritual sobre Satanás. Quizá piense que necesita liberación o sanidad, pero recuerde lo que le dio la victoria a Josué: su sabiduría. Por favor, no menosprecie el arma de la sabiduría para derrotar a Satanás.

La astucia de la serpiente

Pero me temo que, así como la serpiente con su astucia engañó a Eva, los pensamientos de ustedes sean desviados de un compromiso puro y sincero con Cristo.   (2 Corintios 11:3–4)

Una de las palabras que mejor describe a Satanás es *"astucia"*. Quizá piense que Satanás es fuerte y poderoso, pero él perdió la batalla con el arcángel Miguel. Con mucha diferencia, es más *sabio* que *fuerte*. Para derrotarlo, usted necesita reconocer su astucia.

Los hombres musculosos han entregado sus carteras a ladrones que tenían una pistola falsa. La gente inteligente ha perdido todos los ahorros de su vida con estafadores. Hombres brillantes han sido engañados en las redes sociales pensando que estaban teniendo una aventura amorosa con una hermosa modelo, cuando en realidad estaban chateando con un anciano.

Si personas que no son tan inteligentes como nosotros nos pueden engañar, ¿no cree que Satanás, que es mucho más sabio, también puede engañarnos? Por eso usted debe depender de la sabiduría de Dios.

Christine tenía ocho demonios y le costó muchísimo librarse de ellos. A pesar de sus repetidos intentos de liberación, no fue liberada hasta que Dios le dio una palabra especial de sabiduría. Cuando Dios le habló de un abuso en su pasado y la necesidad de perdonar al abusador, ¡entendió por qué no había sido liberada! Los demonios entraron por la puerta de su odio hacia el infractor. Aunque personas mundanas le dijeron que tenía todo el derecho a odiar al abusador, Dios le dijo que le perdonara. Cuando ella lo hizo, fue liberada de los ocho demonios. Ahora está totalmente comprometida con Cristo.

El punto de esta historia es que Christine fue liberada solo cuando recibió la sabiduría de Dios. Jesús dijo: *"Y conocerán la verdad, y la verdad los hará libres"* (Juan 8:32). A menudo, la libertad viene solo cuando recibimos la sabiduría de Dios en una situación, y después somos liberados.

El libro de sabiduría

El libro de Proverbios está totalmente dedicado a la sabiduría. ¿Qué otro libro en la biblia tiene solo un tema? Salmos, que está dedicado a la alabanza. Aparte de estos dos libros, ningún libro de la Biblia está dedicado a un solo tema. A mí me parece que deberíamos tomarnos la sabiduría (y la alabanza) muy en serio.

Cuando era un recién convertido, Dios me dijo que leyera un capítulo de Proverbios al día. Como tiene treinta y un capítulos, era un buen reparto para cada día del mes. Al mirar atrás, ahora entiendo por qué Dios me hizo leerlo. Quería que recibiera el don más importante del Espíritu: sabiduría.

¿Y usted? ¿Se ha tomado el don de sabiduría en serio? ¿Está dispuesto a pagar el precio para conseguirlo? El Espíritu Santo se lo impartirá si lo quiere de todo corazón.

Un día, un hombre necio se acercó a un hombre sabio y le dijo que quería sabiduría. Así que el hombre sabio le llevó junto al río y le introdujo la cabeza en el agua durante un minuto. El hombre necio hacía lo que podía para soltarse de las firmes manos del hombre sabio. Pero finalmente, cuando parecía que el hombre ya no podía luchar más, el hombre sabio le sacó del agua.

Él dio un grito ahogado y miró perplejo. Tras respirar varias veces profundamente, dijo: "¿Por qué me has hecho esto?".

El hombre sabio le respondió: "Cuando quieras la sabiduría tanto como querías el aire, entonces la recibirás".

¿Hasta qué grado quiere sabiduría? Pida y recibirá. Humíllese para que Dios pueda "moler" su sabiduría en usted. La necesita para la guerra espiritual.

TRECE

PALABRA DE CONOCIMIENTO

A otros, por el mismo Espíritu, palabra de conocimiento.
—1 Corintios 12:8

La *"palabra de conocimiento"* está relacionada con el don de sabiduría. Esto subraya lo importante que son los dones de revelación para el Espíritu Santo. La obra principal del Espíritu Santo en un creyente es impartir revelación. Una de las oraciones de Pablo revela esta importancia:

> *Pido que el Dios de nuestro Señor Jesucristo, el Padre glorioso, les dé el Espíritu de sabiduría y de revelación, para que lo conozcan mejor. Pido también que les sean iluminados los ojos del corazón para que sepan a qué esperanza él los ha llamado, cuál es la riqueza de su gloriosa herencia entre los santos.*
> (Efesios 1:17–18)

Sabiduría y revelación, y un corazón iluminado en cuanto a la esperanza de Cristo, fueron las principales peticiones de Pablo. El cuerpo de Cristo necesita conocimiento más que poder. Cuanto más conocimiento y entendimiento tenga una persona, más caminará en su herencia y llamado, y más derrotará a Satanás en este mundo.

El Espíritu guía a la verdad

Pero cuando venga el Espíritu de la verdad, él los guiará a toda la verdad, porque no hablará por su propia cuenta sino que dirá sólo lo que oiga y les anunciará las cosas por venir. Él me glorificará porque tomará de lo mío y se lo dará a conocer a ustedes.Todo cuanto tiene el Padre es mío. Por eso les dije que el Espíritu tomará de lo mío y se lo dará a conocer a ustedes.

(Juan 16:13–15)

El Espíritu nos guiará a dos verdades: primero, conocimiento del futuro. *"Y les anunciará las cosas por venir"* (versículo 13). Esto se corresponde con la sabiduría de Dios. Para recapitular, sabiduría es la habilidad para saber cómo las decisiones y acciones de uno afectarán al futuro.

La segunda área de verdad a la que el Espíritu Santo nos guía es en nuestra herencia. Jesús dijo: *"Todo cuanto tiene el Padre es mío. Por eso les dije que el Espíritu tomará de lo mío y se lo dará a conocer a ustedes"* (versículo 15). ¿Cómo puede el Espíritu Santo tomar de lo que le pertenece a Cristo para dárselo a conocer a usted? Es sencillo: todo lo que pertenece a Cristo es ahora suyo.

La mayoría de cristianos solo ven el lado de la sabiduría del Espíritu en cuanto a lo tocante a la dirección en sus vidas: si deberían casarse con cierta persona o no, si deberían mudarse o no, si deberían aceptar un trabajo o no. Ese es el lado de la *sabiduría* del Espíritu Santo; pero está también el lado del Espíritu del *conocimiento*. Aunque el Espíritu Santo le guiará a tomar buenas decisiones prácticas, su principal tarea es guiarle al conocimiento de su herencia. Él *"tomará de lo [de Cristo] y se lo dará a conocer"*. Cuando recibe una enseñanza que le ayuda a entender y saber qué es lo que Dios ha provisto para usted, está recibiendo una palabra de conocimiento.

Muchos creyentes han permitido que Satanás les aflija con enfermedades y pobreza simplemente porque no conocen su herencia en Cristo. Conocer su herencia es clave para caminar en victoria sobre Satanás. Conocer su herencia como hijo de Dios es un arma en contra de Satanás.

La primera arma que Pablo le dice al creyente que se ponga es el cinto de la verdad. *"Manténganse firmes, ceñidos con el cinturón de la verdad"* (Efesios 6:14). Normalmente uno no pensaría en un cinturón como en un arma importante. Lo mismo ocurre con el conocimiento. Pero cuando usted sabe quién es en Cristo, lo que tiene en Cristo y lo que puede hacer en Cristo, entonces tiene el poder de derrotar a Satanás. El viejo dicho de que "conocimiento es poder", tiene mucho de cierto. Según crezca en el conocimiento de su herencia, habrá poco que Satanás pueda hacer contra usted.

Ningún ojo ha visto

Sin embargo, como está escrito: "Ningún ojo ha visto, ningún oído ha escuchado, ninguna mente humana ha concebido lo que Dios ha preparado para quienes lo aman." Ahora bien, Dios nos ha revelado esto por medio de su Espíritu.
(1 Corintios 2:9–10)

Casi todos hemos oído este versículo antes. Y lo que la gente a menudo saca de este versículo es que nunca podremos saber todo lo bueno que Dios ha preparado para nosotros hasta que no muramos. ¡Error! Observe que Pablo dijo: *"Ahora bien…"*. Esta palabra es una conjunción, así que debemos seguir leyendo. Aunque es cierto que ninguna mente puede saber lo que Dios ha preparado para nosotros, el Espíritu Santo nos lo puede revelar. *"Ahora bien, Dios nos ha revelado esto por medio de su Espíritu"*. Tenemos bendiciones que nos han sido reveladas por el Espíritu no después de morir, sino mientras estamos vivos.

Así, aunque no hay manera de saber lo que Dios nos ha preparado por nosotros mismos, Dios nos ha dado su Espíritu para revelárnoslo. Esa es la obra del Espíritu Santo. Él abre nuestros ojos para saber lo que la mente natural no puede saber por sí sola. Pablo enfatiza la necesidad que el creyente tiene del Espíritu Santo para conocer estas cosas benditas:

> *En efecto, ¿quién conoce los pensamientos del ser humano sino su propio espíritu que está en él? Así mismo, nadie conoce los pensamientos de Dios sino el Espíritu de Dios. Nosotros no hemos recibido el espíritu del mundo sino el Espíritu que procede de Dios, para que entendamos lo que por su gracia él nos ha concedido....El que no tiene el Espíritu no acepta lo que procede del Espíritu de Dios, pues para él es locura. No puede entenderlo, porque hay que discernirlo espiritualmente.*
>
> (1 Corintios 2:11–12, 14)

Por lo tanto, a menos que haya recibido al Espíritu Santo, no tendrá forma de *"aceptar lo que procede del Espíritu de Dios"*. De hecho, considerará las bendiciones de *"lo que por su gracia él nos ha concedido"* como *"locura"*, porque *"no puede entenderlo, porque hay que discernirlo espiritualmente"*.

Es sorprendente que la Biblia hable tanto de la sanidad divina y la prosperidad y sin embargo muchas personas sigan rechazándolo. ¿Por qué? Porque no han recibido al Espíritu Santo; así que otro espíritu, el diablo, les engaña para que acepten la enfermedad y la pobreza como su parte en la vida. Solo mediante la enseñanza del Espíritu Santo pueden ser abiertos nuestros ojos a lo que *"por su gracia él nos ha concedido"*. El conocimiento espiritual es un arma para derrotar a Satanás, quien nos miente acerca de la enfermedad y la pobreza.

Pancho es un miembro de mi iglesia. Creció como católico y luego aceptó a Cristo en una iglesia denominacional. Aunque esta iglesia predicaba la salvación, él nunca vio el poder de Dios para sanar o prosperar a una persona. Para Pancho, asistir a nuestra iglesia ha sido una gran experiencia de aprendizaje. Ha aprendido acerca de su autoridad en Cristo y el poder de sus palabras, que puede tener lo que dice si está en la Palabra de Dios, por primera vez.

Decidió poner la enseñanza de afirmación positiva a trabajar en su vida. Había estado intentando vender una casa durante ocho meses y, después de aprender acerca de su herencia para prosperar y el poder de declarar la Palabra de Dios sobre una situación, dijo en voz alta: "En el nombre de Jesús, esta casa se venderá en treinta días". Y así fue, se vendió en treinta días.

Me sonrió durante nuestra reunión en el almuerzo y dijo: "La gente me pregunta todo el tiempo si los milagros de los que oímos en la iglesia del obispo Brown son reales; yo les digo: 'Yo no estoy aquí para convencerte; pero lo he visto en mi propia vida'".

Quizá usted es como Pancho. Nunca ha oído acerca de su herencia. Si ese es el caso, es el tiempo para que comience a recibir el conocimiento de su herencia en Cristo.

Entendimiento pentecostal de la palabra de conocimiento

Cuando a un creyente, con frecuencia un ministro, se le da alguna verdad desconocida sobre una situación, los pentecostales lo clasifican como una palabra de conocimiento. Una palabra de conocimiento llega por lo general en forma de un pensamiento, impresión, visión, o incluso una voz audible de Dios sobre una situación. Por ejemplo, Dios puede revelar a un ministro que alguien que está enfermo con cáncer de pulmón está siendo sanado. Esto es una palabra de conocimiento.

Ejemplos de palabra de conocimiento

Aunque no puedo confirmar que el apóstol Pablo tenía esta definición en mente cuando mencionó la palabra de conocimiento, hay una gran evidencia bíblica de que Dios da esta información sobrenatural a personas.

Ejemplo del Nuevo Testamento

Un buen ejemplo de este don lo podemos ver en Juan capítulo 1:

Cuando Jesús vio que Natanael se le acercaba, comentó: —Aquí tienen a un verdadero israelita, en quien no hay falsedad. —¿De dónde me conoces? —le preguntó Natanael. —Antes de que Felipe te llamara, cuando aún estabas bajo la higuera, ya te había visto. —Rabí, ¡tú eres el Hijo de Dios! ¡Tú eres el Rey de Israel! —declaró Natanael. —¿Lo crees porque te dije que te vi cuando estabas debajo de la higuera? ¡Vas a ver aun cosas más grandes que éstas! (Juan 1:47–50)

Jesús no tenía un conocimiento natural acerca de Natanael. Nunca antes le había conocido, y nadie le había hablado acerca de él; sin embargo, Jesús conocía a Natanael. Natanael se quedó tan impactado con el conocimiento sobrenatural de Jesús, que le declaró Rey de Israel.

Ejemplos del Antiguo Testamento

Destino de Saúl

Una palabra de conocimiento puede verter luz sobre el destino de una persona, como ocurrió con Saúl:

Un día antes de que Saúl llegara, el Señor le había hecho esta revelación a Samuel: "Mañana, a esta hora, te voy a enviar un hombre de la tierra de Benjamín. Lo ungirás como gobernante de mi pueblo Israel, para que lo libre del poder de los filisteos. Me he compadecido de mi pueblo, pues sus gritos de angustia han llegado hasta mí." Cuando Samuel vio a Saúl, el Señor le dijo: "Ahí tienes al hombre de quien te hablé; él gobernará a mi pueblo". (1 Samuel 9:15–17)

El profeta Samuel supo exactamente quién sería ungido rey porque le fue revelado por el Señor. Del mismo modo, Dios sigue revelando la dirección que los cristianos deberían tomar en sus vidas. Busque al Señor, y Él le dará dirección sobrenatural. Sabrá si debe hacer o no negocios con ciertas personas y, como en este caso, quién debería ser ungido y consagrado en el ministerio.

El engaño de Guiezi

El profeta Eliseo sanó al comandante Naamán de lepra. Aunque Naamán quería pagar a Eliseo por haberle sanado, Eliseo rehusó el dinero y le envió de regreso a su propio país. Cuando oyó que Eliseo rehusó el regalo de Naamán, el siervo de Eliseo, Guiezi, engañó a Naamán para que le diese el dinero a él en su lugar. Guiezi intentó esconder su engaño de Eliseo, pero Dios reveló su acto de egoísmo a Eliseo.

> *¿De dónde vienes, Guiezi? —le preguntó Eliseo. —Su servidor no ha ido a ninguna parte —respondió Guiezi. Eliseo replicó: —¿No estaba yo presente en espíritu cuando aquel hombre se bajó de su carro para recibirte?* (2 Reyes 5:25–26)

Este es un gran ejemplo de una palabra de conocimiento. Eliseo no estaba físicamente con Guiezi cuando se acercó hasta Naamán y le pidió su regalo, pero mediante el Espíritu, pudo ver todo. Dios puede usar y aún usa este método hoy día.

Ejemplos de nuestros días

Atrapan a un hombre robando

Me ocurrió algo muy similar recientemente. Durante un estudio bíblico, estaba escuchando a un orador invitado cuando el Señor me habló y me dijo: "Fulanito está robando de la ofrenda ahora mismo". Me giré hacia mi esposa y le dije que me diera las llaves de la oficina, donde estaba guardada la ofrenda en ese momento.

Ella preguntó: "¿Sucede algo?".

Enseguida contesté: "¡Tan solo dame las llaves!".

Ella alcanzó su bolso, sacó las llaves y me las entregó. Entonces me apresuré a salir de la sala. Al abrir las puertas que daban al pasillo de mi oficina, vi que la puerta de mi oficina estaba abierta. Mientras caminaba por el largo pasillo, fulanito salió a toda velocidad de mi oficina y entró en los aseos. Cuando finalmente salió de los aseos, le sorprendí con casi dos mil dólares en billetes sueltos metidos en los pantalones. Las cámaras de la iglesia confirmaron su robo, y también encontramos algunos sobres con dinero en metálico escondidos debajo de un escritorio.

Esto, sin lugar a dudas, fue una experiencia sobrenatural. No hay manera posible en que alguien pudiera negar la obra del Espíritu a través de mí en esta ocasión. El Espíritu Santo sigue dando a los creyentes palabras sobrenaturales de conocimiento hoy día.

A quién ungir como pastor

Recientemente, Dios me habló con claridad acerca de a quién debería ungir como nuestro nuevo pastor hispano. Le dije a este hombre, Lorenzo, lo que Dios me había dicho y cómo le pagaríamos en caso de aceptar la posición. Se giró hacia su novia, Nadine, y dijo: "¿No te dije exactamente lo que me iba a preguntar el obispo?". Después se giró hacia mí y dijo: "Soñé con esta reunión, y en el sueño, usted me dijo ciertas palabras, y le dije a Nadine lo que me diría. Y dijo exactamente lo que vi en el sueño". Esto es una palabra de conocimiento. Dios dio palabras sobrenaturales tanto a Lorenzo como a mí.

Palabra de conocimiento que produce sanidad

Un área común en la cual la gente ha visto la palabra de conocimiento funcionando es en la sanidad divina. Este es un ejemplo bíblico:

> *Había entre la gente una mujer que hacía doce años padecía de hemorragias. Había sufrido mucho a manos de varios médicos, y se había gastado todo lo que tenía sin que le hubiera servido de nada, pues en vez de mejorar, iba de mal en peor. Cuando oyó hablar de Jesús, se le acercó por detrás entre la gente y le tocó el manto. Pensaba: "Si logro tocar siquiera su ropa, quedaré sana." Al instante cesó su hemorragia, y se dio cuenta de que su cuerpo había quedado libre de esa aflicción. Al momento también Jesús se dio cuenta de que de él había salido poder, así que se volvió hacia la gente y preguntó: —¿Quién me ha tocado la ropa? —Ves que te apretuja la gente —le contestaron sus discípulos—, y aun así preguntas: "¿Quién me ha tocado?" Pero Jesús seguía mirando a su alrededor para ver quién lo había hecho. La mujer, sabiendo lo que le había sucedido, se acercó temblando de miedo y, arrojándose a sus pies, le confesó toda la verdad. —¡Hija, tu fe te ha sanado! —le dijo Jesús—. Vete en paz y queda sana de tu aflicción.* (Marcos 5:25–34)

Jesús sintió el poder salir de Él que sanó a la mujer que sufría de hemorragias. No tuvo un conocimiento natural de que alguien había sido sanado, solo una sensación del Espíritu.

Un día me ocurrió una experiencia similar mientras estaba predicando. Sentí que salía poder de mi mano derecha, así que me giré hacia la sección de la derecha de la audiencia y pregunté quién sintió el poder sanador de Cristo. Una joven levantó su mano. Fue sanada por el poder de Dios y ya no necesitó más usar muletas. Su testimonio salió por la televisión. A menudo, la sanidad y una palabra de conocimiento actúan juntas. Así que no crea que es extraño que Dios revele quién o qué está sanando.

Palabra de conocimiento como enseñanza

> *Hermanos, si ahora fuera a visitarlos y les hablara en lenguas, ¿de qué les serviría, a menos que les presentara alguna*

revelación, conocimiento, profecía o enseñanza?
(1 Corintios 14:6)

La palabra de conocimiento se puede separar de la enseñanza o puede ser parte de la misma. Una buena enseñanza bíblica que contiene revelación y conocimiento sobrenatural es una manifestación de la palabra de conocimiento. Después de oírme predicar, personas han dicho: "Usted ha estado leyendo mi correo"; "Sentí que Dios me estaba hablando a mí a través de usted"; "Yo tenía que estar aquí para la palabra que usted dio".

Esta es la palabra de conocimiento. Es sobrenatural. Sin embargo, a veces no damos el mérito adecuado al Espíritu que nos da este don. A menos que ocurra algo raro o drástico, a menudo no pensamos que los dones del Espíritu Santo estén actuando. Sin embargo lo están, mientras la palabra la controle el Espíritu Santo. Cuando oiga un gran mensaje en la iglesia, no diga: "El sermón fue muy bueno, pero el Espíritu Santo no se manifestó. No vimos ningún don". Solo porque usted no viera una sanidad o un milagro, como un ciego que ve, un sordo que oye o un endemoniado que es liberado, no significa que el Espíritu Santo no esté obrando. No minimice la importancia de la palabra de conocimiento. Puede llegar en varias formas, incluyendo un sermón o una simple palabra de una persona a otra. A veces, quizá usted no se da ni cuenta de que Dios está usando sus palabras para hablar intencionalmente y directamente a una persona que Él ha escogido.

Antes de dejar los dos primeros dones de la lista de Pablo, démosles la importancia debida. Aparte del don de su Hijo, no hay un regalo mejor que Dios nos dé que sabiduría y conocimiento. Pablo los puso los primeros en la lista de los dones del Espíritu.

CATORCE

FE ESPECIAL

A otro el mismo Espíritu le da gran fe.
—1 Corintios 12:9 (NTV)

La fe especial que Pablo menciona no es la fe que nos salva. Cada creyente tiene la fe para salvarse; de lo contrario, tal persona no sería creyente. Pablo, sin embargo, está hablando acerca de una fe que produce milagros que permite que una persona reciba un milagro de Dios o haga una proeza poco común.

San Pablo mostró claramente a qué tipo de fe se estaba refiriendo, porque lo menciona aquí: *"Y si tengo una fe que logra trasladar montañas, pero me falta el amor, no soy nada"* (1 Corintios 13:2). Aquí está hablando de una fe para mover montañas. Es imposible que un hombre por sí solo pueda mover una montaña.

Ejemplos bíblicos de una fe que obra milagros

Moisés abre el mar Rojo

Moisés tuvo esta fe cuando extendió su vara sobre el mar Rojo. (Véase Éxodo 14). Tenía la confianza en que Dios mostraría su salvación a Israel.

Hija liberada de posesión demoniaca

La mujer cananea en Mateo 15 tuvo la fe de que su hija se recuperaría de la posesión demoniaca. (Véase versículos 21–28).

A pesar del hecho de que los discípulos intentaron alejarla, ella no perdió su fe. Su persistencia mostró el don de *"gran fe"*.

Cuando el sol se detuvo

Uno de los mayores ejemplos bíblicos de una gran fe es cuando Josué hizo que se detuviera el sol. Israel estaba luchando contra cinco naciones; sin embargo, a pesar de ser muchos menos en número, estaban ganando. El problema, no obstante, erar que el día estaba llegando a su fin, y Josué estaba preocupado de que los cinco reinos se reorganizaran por la noche. Así que elevó una insólita oración:

> *Ese día en que el Señor entregó a los amorreos en manos de los israelitas, Josué le dijo al Señor en presencia de todo el pueblo: "Sol, detente en Gabaón, luna, párate sobre Ayalón." El sol se detuvo y la luna se paró, hasta que Israel se vengó de sus adversarios. Esto está escrito en el libro de Jaser. Y, en efecto, el sol se detuvo en el cenit y no se movió de allí por casi un día entero. Nunca antes ni después ha habido un día como aquél; fue el día en que el Señor obedeció la orden de un ser humano. ¡No cabe duda de que el Señor estaba peleando por Israel.*
>
> (Josué 10:12–14)

¡Qué milagro! Josué realmente creyó que Dios retrasaría la puesta del sol. ¡Tuvo una gran fe que produjo milagros!

La confianza en Dios de Daniel

Daniel ejercitó esta fe especial ante un ansioso rey. Tras pasar una noche en el foso de los leones, Daniel le dijo al rey. *"—¡Que viva Su Majestad por siempre! —contestó Daniel desde el foso—. Mi Dios envió a su ángel y les cerró la boca a los leones. No me han hecho ningún daño, porque Dios bien sabe que soy inocente. ¡Tampoco he cometido nada malo contra Su Majestad!* (Daniel 6:21–22). El rey afirmó que Daniel no solo era santo sino que tenía una gran fe.

"Sin ocultar su alegría, el rey ordenó que sacaran del foso a Daniel. Cuando lo sacaron, no se le halló un solo rasguño, pues Daniel confiaba en su Dios" (versículo 23). Ahí lo tiene: Daniel *"confiaba en su Dios"*. Ejercitó una gran fe.

Dios enviará a sus ángeles para acompañar el don de fe. He visto esto ocurrir muchas veces en mi ministerio. Personas han tenido visiones de ángeles y Jesús durante las reuniones. Muchos me han dicho que han visto ángeles y a Jesús caminando conmigo mientras estaba predicando. Un hombre llamado Steve me dijo: "Cada vez que movía su mano, el ángel detrás de usted movía su mano. No estoy seguro de si le estaba imitando o si él estaba haciendo que usted le imitase". Estas visiones, creo yo, son un resultado del don de fe, no solo de mi fe, sino también de la de ellos.

Elías pide que descienda fuego del cielo

Elías tuvo una gran fe cuando pidió que cayera fuego del cielo para demostrar a los israelitas y a los profetas de Baal quién era el Dios verdadero. Les dijo a los falsos profetas de Baal que construyeran un altar y clamaran a su dios para que mandara fuego. Elías haría lo mismo, invocando a Jehová, y dijo que el dios que respondiera con fuego sería el Dios verdadero. Después de que los falsos profetas fallaran tras numerosos intentos, le tocaba a Elías clamar a su Dios. Elías intencionalmente se lo puso "más difícil" a su Señor. Le dijo a la gente que vertiera agua sobre el sacrificio, y después clamó a Dios para que enviara fuego. El fuego que Dios envió no solo consumió el sacrificio, sino que secó también el agua. (Véase 1 Reyes 18:16–46).

Ejemplos de nuestros días de una gran fe

El ministerio de T. L. Osborn en África

No sugiero con esto que sometamos a Dios a este tipo de prueba, pero funcionó en este caso. Oí la historia de T. L. Osborn, un hombre que fue llamado a guiar a África a Cristo. Tras un primer viaje sin éxito, regresó después de recibir al Espíritu Santo, listo para guiar a África a Cristo mediante señales y prodigios. Mientras estaba predicando, un musulmán le interrumpió, preguntando: "¿Por qué cree que Jesús es el Hijo de Dios?".

El reverendo Osborn dijo: "Así lo dice la Biblia".

"Cierto, pero el Corán dice que es solo un profeta".

Osborn refutó: "Hagan pasar a los ciegos". Varias personas ciegas pasaron al frente, y le dijo al musulmán: "Le doy la oportunidad de demostrar si Jesús es o no es el Hijo de Dios o si Mahoma es el profeta de Alá. Ore por estas personas, para que, a través de Mahoma, Alá abra sus ojos".

El musulmán rechazó la propuesta.

T. L. Osborn impuso sus manos sobre los ciegos, y recibieron la vista. Desde ese momento, el ministerio de Osborn despegó en África. Ganó a millones de almas para Cristo mediante su ministerio de milagros. Comenzó con el ejercicio de la gran fe.

El trabajo es suyo

Hace años, llamé a varias personas a pasar al frente para orar por ellos durante una reunión de domingo. Un hombre llamado Raymond pasó al frente y dijo: "Pastor, necesito un trabajo. Entregué una solicitud para un trabajo esta semana, pero aún no me ha respondido la empresa. Creo que Dios me dará el trabajo".

Oré por Raymond, y vino sobre mí una confianza poco frecuente. Aunque era domingo y estábamos en la iglesia, le dije a Raymond: "Estoy seguro de que conseguirá ese trabajo, y se lo ofrecerán antes de que termine esta reunión". Recuerdo oírme a mí mismo decir esto y pensar: ¿Cómo le van a ofrecer el trabajo ahora mismo mientras estamos en la iglesia? (Esto fue antes de que hubiera teléfonos celulares). Poco me imaginaba yo que Raymond le había dado a esa empresa el número de nuestra iglesia como referencia. Antes de que terminase la reunión, sonó el teléfono, y el dueño de la empresa había pedido hablar con Raymond. La persona que respondió a la llamada había llamado a Raymond para que abandonara la reunión, y el propietario le dijo que el trabajo era suyo. Raymond de inmediato interrumpió la reunión para contar lo de la llamada de teléfono y mi palabra de fe de que conseguiría el trabajo antes de que terminase la reunión. Este es un ejemplo del don de fe.

La fe del pastor Steven Furtick

Steven Furtick acababa de comenzar a pastorear una nueva iglesia en Charlotte, Carolina del Norte, la cual no era nada espectacular o fuera de lo normal, cuando asistió a un concierto de Bono en el Time Warner Cable Arena. Cuando una de las bandas teloneras, U2, estaba tocando la frase que se repite en la introducción de "City of Blinding Lights", de la nada, Steven se giró a su amigo Erick y le dijo en fe: "Un día, nuestra iglesia llenará este lugar para un servicio de adoración".

Esa frase sonó disparatada. ¿Cómo podría una iglesia pequeña y nueva llenar ese auditorio? Pero cuatro años y medio después, tuvieron una reunión de Semana Santa en ese mismo lugar, y estaba repleto. Este es un ejemplo del don de fe.

El paso de fe de Smith Wigglesworth

Uno de los mayores pioneros del movimiento pentecostal fue Smith Wigglesworth. Quizá tenga un nombre divertido, pero era un serio apóstol de fe, un don por el que era conocido. Su ministerio fue testigo de varios casos de personas que resucitaron de los muertos. A menudo decía: "Si usted da un paso de fe común, cuando llegue al final de esa fe, es muy probable que este don sobrenatural de gran fe se ponga en acción".

El problema hoy día es que queremos esperar a sentir la fe antes de actuar en ella. Aunque Dios nos ha dado la fe para mover montañas, a menudo pensamos que no tenemos fe suficiente. Así es como los primeros apóstoles veían la fe. Sentían que se necesitaba una gran cantidad de fe para mover una montaña. Esta es su historia y la respuesta de Jesús:

> *Entonces los apóstoles le dijeron al Señor: —¡Aumenta nuestra fe! —Si ustedes tuvieran una fe tan pequeña como un grano de mostaza —les respondió el Señor—, podrían decirle a este árbol: "Desarráigate y plántate en el mar", y les obedecería.* (Lucas 17:5–6)

Al principio, los apóstoles querían sentir que tenían mucha fe, pero Jesús simplemente dijo que no necesitaban mucha fe para mover un árbol; un poco de fe puede hacer grandes maravillas. Así que comience desde donde está; su poca fe se convertirá en el don de *"gran fe"*.

"No respira"

Mi esposa y yo estábamos de compras en el centro comercial Grapevine Mills cerca del aeropuerto internacional de Dallas/Forth Worth, cuando vimos a un hombre que de repente cayó desplomado, golpeando su cabeza contra el suelo. Su esposa se inclinó sobre él, llorando. Corrimos rápidamente hacia el lugar, mientras otros cuantos se arremolinaron alrededor de él. Alguien gritó: "No respira". Pude ver que su pecho no se movía y que le salía sangre por los oídos y la nariz. Su esposa le acurrucó entre sus brazos, sollozando incontrolablemente. Alguien gritó para que alguien llamara a una ambulancia.

Le dije a la esposa: "Soy ministro. ¿Podemos mi esposa y yo orar por él?". La esposa consintió felizmente. Se apartó de su esposo para dejarnos orar por él. Impusimos manos sobre él y mandamos a su espíritu que regresara a su cuerpo. Declaramos vida sobre él. Al hacerlo, dio su primera respiración y lentamente abrió sus ojos. La hemorragia de sus oídos y su nariz se cortó, y me miró y preguntó: "¿Qué ha ocurrido?".

"Se cayó y golpeó muy fuerte contra el suelo".

Él miró sorprendido. "Estoy bien". Cuando llegó el equipo de emergencias, le dijeron al hombre que siguiera tumbado, pero les dijo: "Déjenme levantarme; me siento bien". Finalmente, fue evidente que el hombre se encontraba bien. La esposa de este hombre nos abrazó y nos dio las gracias por nuestras oraciones.

Pensé que el hombre murió cuando se cayó; no vi vida en él. Pero también supe que con Dios, todo es posible. No sentí una fe abrumadora, pero cuando mi esposa y yo declaramos vida sobre él, nuestra fe, aunque era como un pequeño grano de mostaza, produjo grandes resultados. Lo que me demuestra mi experiencia es que cuando ejercito mi fe mediante palabras y hechos, sienta o no una gran confianza, se producen grandes milagros. Creo que esto es lo que quiso decir Smith Wigglesworth cuando hablaba de dar un paso ordinario de fe. Dé un paso ordinario de fe, y luego la fe extraordinaria se pondrá en acción.

Como en las historias que acaba de leer, usted puede ser usado para llevar a cabo milagros con esta gran fe. Pero nunca tendrá una fe "especial" hasta que no use la fe "ordinaria" que tiene. Láncese en fe, y Dios moverá las montañas en su vida.

QUINCE

DONES DE SANIDAD

A otros, y por ese mismo Espíritu,
dones para sanar enfermos.
—1 Corintios 12:9

Una de las principales estrategias de Satanás para deshabilitar a los cristianos en el cumplimiento de su llamado es mediante las enfermedades y dolencias. La Biblia describe a Satanás como el autor de las enfermedades. Así que Dios ha provisto el don espiritual de sanidad para que venzamos la obra de enfermedad de Satanás.

El don de sanidad es la capacidad de un cristiano para sanar a otra persona. No se le da a la persona enferma, sino a una persona para sanar a los enfermos. Este don funciona mucho en mi vida. Aquí tenemos tres historias en las que Dios me ha usado para sanar a otros.

Estaba en un lavadero de automóviles el otro día cuando el propietario se acercó a mí y me dijo: "Usted no me conoce, pero asistí a una reunión de su iglesia. Llevé a mi hijo que tenía asma a su iglesia. Después de que usted oró por él, fue curado de inmediato. Eso ocurrió hace diez años. Mi hijo fue elegido mejor jugador de fútbol en El Paso y recibió una beca para jugar al fútbol. Nada de esto hubiera ocurrido si Dios no le hubiera usado para sanar a mi hijo. Solo quería darle las gracias por sus oraciones".

En otra historia, mi tío estaba enfermo en casa. Llevaba semanas padeciendo de una gran hemorragia nasal. No se podía levantar para hacer nada sin que empeorase su condición, así que se quedaba allí tumbado. Cuando me enteré de su enfermedad, fui a su casa.

"Tío Charles", dije, "Dios puede sanarle ahora mismo si cree. ¿Me permite orar por usted?".

Él se alegró de dejarme orar por él, comentando: "¿Qué puedo perder?".

En cuanto oré por él, la hemorragia se detuvo. Él comenzó a palpar su nariz para sentir la sangre, pero no había. Después, durante años, mi tío les contaba a mis familiares cómo yo sané su nariz. Por supuesto, no fui yo sino el poder de Dios actuando a través de mí.

La otra historia es de una mujer llamada Alice que dio a luz a un bebé prematuro a la que llamó Faith. Faith nació con graves problemas pulmonares. Tras varios días, Alice pudo salir del hospital con su hija, siempre y cuando accediera a mantener a su bebé conectada a una máquina para respirar. Un domingo, Alice acudió a la iglesia con su bebé, que estaba conectada a un tanque de oxígeno. Impuse manos sobre su bebé. Alice tenía mucha fe de que su recién nacida había sido sanada, así que llevó a Faith al doctor el lunes y le dijo al doctor que creía que Dios había sanado a su hija y que su bebé ya no necesitaba el aparato para respirar.

El doctor sonrió, y le dijo: "Alice, no conozco a ningún bebé en estas condiciones que pudiera ser desconectado de la máquina tan pronto. Aún la necesita".

Alice respondió: "No, doctor. Estoy segura de que Dios la sanó".

El doctor intentó bromear. "Mire, permítame demostrarle que Faith necesita la máquina. En cuanto la retire de la máquina, verá

que se empieza a poner de un tono azulado. ¡Vea lo que ocurre!".
Entonces el doctor desconectó a Faith de la máquina y esperó para
comprobar que su diagnóstico era cierto. Pero Faith seguía respirando sin la máquina.

El doctor estaba perplejo. Esperó un poco más, pero Faith seguía
respirando bien. "No he visto nada igual en toda mi vida. Pero por
favor llévese la máquina por si empeora su respiración". Faith siguió
respirando con normalidad. Después de muchos años, Faith continúa asistiendo a nuestra iglesia, y recientemente la bauticé en agua.
Ahora es una adolescente maravillosa que sirve al Señor.

Mantenerse humilde

Uno de los mayores retos que tendrá en el ministerio de
sanidad no es decepcionarse cuando la gente no sea sanada, sino
mantenerse humilde cuando la gente sea sanada. Esta es una buena
historia para ilustrar este problema:

> En Listra vivía un hombre lisiado de nacimiento, que no
> podía mover las piernas y nunca había caminado. Estaba
> sentado, escuchando a Pablo, quien al reparar en él y ver que
> tenía fe para ser sanado, le ordenó con voz fuerte: —¡Ponte en
> pie y enderézate! El hombre dio un salto y empezó a caminar.
> Al ver lo que Pablo había hecho, la gente comenzó a gritar
> en el idioma de Licaonia: —¡Los dioses han tomado forma
> humana y han venido a visitarnos! A Bernabé lo llamaban
> Zeus, y a Pablo, Hermes, porque era el que dirigía la palabra.
> El sacerdote de Zeus, el dios cuyo templo estaba a las afueras
> de la ciudad, llevó toros y guirnaldas a las puertas y, con toda
> la multitud, quería ofrecerles sacrificios. Al enterarse de esto
> los apóstoles Bernabé y Pablo, se rasgaron las vestiduras y se
> lanzaron por entre la multitud, gritando: —Señores, ¿por qué
> hacen esto? Nosotros también somos hombres mortales como
> ustedes.   (Hechos 14:8–15)

En verdad, puedo ver el peligro de alguien que se enorgullezca con el don de sanidad. Cuando uno tiene este don, la gente hace sacrificios para verle. En este punto, es fácil pensar que usted es especial. Pero Pablo y Bernabé impidieron que la gente les adorase; ellos reconocían, como debemos hacer nosotros, que eran tan solo canales humanos.

Una de las cosas que me gusta hacer cuando personas son sanadas mediante la imposición de manos es preguntarles quién los sanó. Ellos enseguida reconocen y proclaman que fue Dios y Jesús quien los sanó. Esto pone todo en su debido lugar, dándole a Dios la gloria debida, y fomenta la gratitud en el sanador y el sanado.

Como la salud es un don muy preciado, la gente gasta los ahorros de toda su vida en adquirirla o mantenerla. Esto plantea un gran problema para los que tienen el don de sanidad. Si usted tiene este don, puede que personas le ofrezcan dinero para que les sane. Siempre debe rechazar esto y hacerlo gratuitamente. Jesús dijo: *"Sanen a los enfermos, resuciten a los muertos, limpien de su enfermedad a los que tienen lepra, expulsen a los demonios. Lo que ustedes recibieron gratis, denlo gratuitamente"* (Mateo 10:8). El hecho de que Jesús hable sobre dar *"gratuitamente"* en conexión con el ministerio de sanidad demuestra que conoce nuestra tentación de aceptar dinero por la sanidad de los enfermos o, por lo menos, aceptar el mérito por sanar a otros.

¿Recuerda la historia de Eliseo y Naamán que revisamos en el capítulo 13 sobre la palabra de conocimiento? Eliseo fue usado por Dios para sanar a Naamán. Cuando Naamán fue sanado, ofreció dinero a Eliseo, el cual lo rechazó. Desgraciadamente, al diácono de Eliseo, Guiezi, no le gustó que Eliseo no aceptara el dinero, así que siguió en secreto a Naamán para recibir el regalo. Como resultado de su avaricia, Guiezi contrajo la misma enfermedad de la que Naamán había sido curado. Este es un claro aviso en cuanto a usar el don de sanidad para obtener una ganancia monetaria.

Escépticos

El don de sanidad tiene sus escépticos. Un día estaba predicando en el centro de convecciones de mi ciudad cuando sentí la unción del Espíritu Santo salir de mi mano derecha. Por lo tanto, miré hacia ese lado y dije: "Hay alguien recibiendo el poder de Dios para sanarle". Esta sensación es exactamente la que tuvo Cristo cuando una mujer tocó el borde de su manto y Él sintió *"que de él había salido poder"* (Marcos 5:30). Poder para sanar a los enfermos salía de mí, y una joven llamada Cynthia que recientemente había tenido un accidente de automóvil levantó su mano y dijo: "¡Soy yo!".

Había llegado al centro de convenciones con dos muletas bajo sus brazos. Estaba bastante claro que no podía caminar. Pero según me acercaba a ella, el poder comenzó a aumentar. Ella comenzó a llorar y a temblar mientras me acercaba a ella. Se puso de pie sola, y yo la tomé de la mano y le dije que caminase sin muletas. Ella dio varios pasos, y pude sentir que no estaba usando ni siquiera mi mano para ayudarse. La solté, y comenzó a caminar, levantando su mano y alabando a Dios por sanarla.

Había dado permiso a un hombre para grabar en video la reunión con su cámara casera. A la semana siguiente, le pedí al hombre si me podía dar una copia de su cinta para poder retransmitirlo en un anuncio de televisión. Él me dio permiso, y retransmitimos la sanidad de Cynthia por televisión.

La primera vez que se emitió el anuncio provocó una llamada de un hombre afirmando ser abogado. Dijo: "Acabo de ver su anuncio, y quise que supiera que me ha contratado una iglesia para demandarle por mentiras".

Yo me reí. "¿Cómo puede demandarme cuando la mujer fue sanada?". Yo le piqué, diciendo: "Lo primero que tendrá que hacer es reunirse con la mujer que fue sanada. Así, puede conseguir toda la evidencia que necesita para demostrar su caso".

Él preguntó reticentemente: "¿Está usted diciendo que me dejará reunirme con la mujer?".

"Por supuesto, si ella no tiene inconveniente. Yo no tengo nada que ocultar. Dios realmente la sanó".

El abogado dijo: "Mire, yo no creo que Dios pueda sanar, así que soy escéptico cuando alguien afirma haber sanado a alguien. ¿Entiende que si este milagro fuera real, todo el mundo en El Paso debería estar asistiendo a su iglesia?".

No es necesario decir que el hombre tenía miedo de reunirse con la mujer sanada, ya que sería un golpe contra su escepticismo. Cynthia apareció conmigo en televisión para hablar de su milagro.

El abogado representa a muchas personas que son escépticas con el poder sanador de Dios. No hay nada en la Biblia que les pudiera hacer dudar; por el contrario, Jesús nos ordenó:

Id por todo el mundo y predicad el evangelio a toda criatura. El que creyere y fuere bautizado, será salvo; mas el que no creyere, será condenado. Y estas señales seguirán a los que creen: En mi nombre echarán fuera demonios;...sobre los enfermos pondrán sus manos, y sanarán.
(Marcos 16:15–18, RVR-1960)

Jesús esperaba que muchos de sus discípulos *"sobre los enfermos pondrán sus manos, y sanarán"*. Esta es parte de la gran comisión. Incluye predicar el evangelio y bautizar a personas así como imponer manos y sanar a los enfermos. Este es nuestro trabajo. Tenemos la obligación de creer, recibir, aceptar y hacer.

Jesús enfatizó la sanidad

Jesús sanó a muchos que padecían de diversas enfermedades.
(Marcos 1:34)

El ministerio de sanidad de Jesús está en un claro contraste con los profetas del Antiguo Testamento. Aunque sí es muy cierto que algunos de los profetas sanaron, sus ministerios de sanidad por lo general eran poco comunes y las sanidades escasas. Sin embargo, el ministerio de sanidad de Jesús era una obra normal y, muy posiblemente, diaria en su ministerio. Sin duda, con Jesús lo sobrenatural es normal. Y con el mismo Espíritu Santo viviendo dentro de nosotros, lo sobrenatural debería ser normal para nosotros y nuestra iglesia.

Los que tienen el don de sanidad deberían usarlo regularmente. Hay una gran necesidad en nuestros días del ministerio de sanidad. No obstante, por favor, no limite la sanidad al cuerpo humano. La palabra literal en griego para "dones para sanar enfermos" es "dones de sanidades". "Sanidades" está en plural. Esto demuestra que la gente necesita la sanidad no solo en sus cuerpos sino también en sus mentes, relaciones y emociones. Algunos necesitan sanidad de ataques de pánico y depresión. Otros necesitan sanidad en su matrimonio. Así que nuestro ministerio de sanidad debe afectar a todas las esferas que sufren enfermedades y dolencias.

Una de las principales armas de Satanás es la enfermedad. La Biblia le describe como alguien que hace enfermar a la gente. No es de extrañar que el don de sanidad sea un antídoto poderoso para el arma de Satanás de la enfermedad. Satanás está pavorosamente asustado con el don de sanidad. Por eso intenta con todas sus fuerzas levantar escepticismo en las personas respecto a este don. No caiga en su táctica de hacerle dudar. Crea que Dios puede usarle para sanar a los enfermos y quitar la maldición de Satanás sobre las vidas de las personas.

¿Siente que Dios le está haciendo avanzar en este ministerio? ¡No se resista a su llamado! Sea fiel. No dude. Y por encima de todo, manténgase humilde cuando Dios le use en este don.

DIECISÉIS

HACER MILAGROS

Porque a éste es dada por el Espíritu…el hacer milagros.
—1 Corintios 12:8, 10 (RVR-1960)

Este don no es el don de "milagros" sino el don de *"hacer milagros"*. Esto significa que usted es parte de este "hacer" milagros. Así como Moisés extendió su vara y Dios abrió el mar, así usted tendrá que "extender su vara". Hay al menos dos jugadores principales en el hacer milagros: Dios y usted. Muy frecuentemente, no obstante, queremos retirarnos y dejar que Dios lo haga todo, pero esto no es bíblico.

Dios le capacita para hacer el milagro. Así que Dios le necesita como un canal por el que Él obrará. *"Porque nosotros somos colaboradores de Dios"* (1 Corintios 3:9, RVR-1960).Dios trabaja, pero no trabaja solo para hacer los milagros. Él le necesita a usted en la tierra para manifestar sus milagros.

"En la iglesia Dios ha puesto, en primer lugar, apóstoles; en segundo lugar, profetas; en tercer lugar, maestros; luego los que hacen milagros" (1 Corintios 12:28). Observe que Dios ha puesto a estas personas en la iglesia, no solo en la iglesia primitiva sino en la iglesia actual universal.

Ejemplos de milagros del Antiguo Testamento

Los profetas del Antiguo Testamento a menudo eran usados para hacer milagros. Por ejemplo…

131

✦ Moisés arrojó su vara, y se tragó a las serpientes de los magos del Faraón. (Véase Éxodo 7:12).

✦ Moisés habló a la roca, y salió agua de ella. (Véase Éxodo 17:6).

✦ Moisés sanó a Miriam de lepra. (Véase Números 12).

✦ Los sacerdotes en el tiempo de Josué detuvieron el río Jordán cuando sus pies tocaron el agua. (Véase Josué 3:15–16).

✦ Sansón derrotó a un número muy superior de soldados. (Véase, por ejemplo, Jueces 14:19; 15:15; 6:30).

✦ Elías multiplicó el aceite y la harina de una viuda. (Véase 2 Reyes 4:1–7).

✦ Eliseo abrió el agua cuando la golpeó con el manto de Elías. (Véase 2 Reyes 2:14).

✦ Eliseo resucito de la muerte al hijo de una mujer. (Véase 2 Reyes 4:32–35).

✦ Eliseo curó a Naamán de una enfermedad en la piel. (Véase 2 Reyes 5:10–14).

✦ Isaías sanó las úlceras de Ezequías. (Véase 2 Reyes 20:7).

Hay muchos ejemplos más de milagros en el Antiguo Testamento, pero los que he dado muestran que la gente tiene un papel que desempeñar al hacer milagros. Estos ejemplos también muestran que los milagros pueden ser muy variados: desde sanidades y resurrecciones hasta fortaleza sobrenatural para derrotar al enemigo o incluso provisión material. Hay un milagro para cada necesidad.

El milagro más comúnmente reconocido será en el ámbito de la salud. Pablo, después de enumerar los "dones de sanidades", menciona el *"hacer milagros"*. Estos dones se solapan en muchas situaciones. Así que el hacer milagros con frecuencia incluye los dones de sanidades; sin embargo, los milagros ocurren también en otras situaciones.

El milagro de exorcismo

Los dos milagros más prominentes que hizo Jesús fueron llevar sanidad y liberación. Así, el hacer milagros también incluye el ministerio de liberación. Permítame darle una prueba bíblica de esto.

> *Y la gente, unánime, escuchaba atentamente las cosas que decía Felipe, oyendo y viendo las **señales** que hacía. Porque de muchos que tenían espíritus inmundos, salían éstos dando grandes voces; y muchos paralíticos y cojos eran sanados.*
>
> (Hechos 8:6–7, RVR-1960)

Observe con atención el lenguaje usado aquí: la gente no solo veía los milagros sino que "oía" los milagros: *"oyendo y viendo las señales que hacía"*. ¿Cómo oían las señales que hacía Felipe? El escritor, Lucas, explica: *"Porque de muchos que tenían espíritus inmundos, salían éstos dando grandes voces"*. Ellos oían los grandes gritos de la gente que era liberada. Observemos también que el exorcismo se llamaba "señales milagrosas", como también se traduce.

La palabra griega para "milagro" es la palabra común para poder. Básicamente, es el obrar del poder de Dios en una persona que necesita su ayuda milagrosa. Felipe simplemente "obraba" el poder de Dios en las vidas de los endemoniados. Esto es el hacer milagros.

Adelle es una miembro activa de nuestra iglesia, pero su madre raras veces asistía a las reuniones. Adelle estaba preocupada por su madre, así que solicitó reunirse conmigo y también invitó a su madre. En la reunión, Adelle explicó que su mamá necesitaba ayuda espiritual, y yo le pregunté a su madre qué era lo que ocurría. Ella se quebrantó y confesó que tenía un gran problema con la bebida. Tras explicarle unas cuantas cosas, procedí a orar. Enseguida la mujer estaba gritando a viva voz. Estaba agonizando cuando los demonios intentaban controlarla, luchando y serpenteando por el piso, y echando espuma por la boca. Nunca había visto a la mamá de Adelle actuar así antes; estaba claro que los demonios se habían infiltrado en su vida. Después de unos veinte minutos de oración, la mamá de Adelle quedó completamente liberada. Antes de esto, apenas nos visitaba en la iglesia, pero desde su liberación, ¡raras veces se pierde una reunión!

¿Cuántas personas son como la mamá de Adelle? Sin embargo, muy frecuentemente la iglesia tiene miedo a ejercitar el poder de Dios para liberar a los cautivos. Hay muchas más personas con ataduras de las que la gente cree, y solo el poder de Dios puede liberarles.

Ayuda financiera

Los profetas del Antiguo Testamento a menudo fueron usados para llevar ayuda financiera o material al pueblo de Dios. Dios bendijo a los israelitas con provisión material. Envió maná y codornices a los israelitas para suplir sus necesidades diarias. (Véase Éxodo 16:13, 15). Usó a Elías para multiplicar aceite y harina para suplir las necesidades de la viuda de Sarepta. (Véase 2 Reyes 4:1–7). A Jesús le encantaba tanto la historia de la viuda de Caín, que la usó en su sermón inaugural.

No solo el primer sermón de Jesús tuvo que ver con que Dios suple las necesidades económicas de una viuda, sino que su primer milagro fue convertir el agua en vino, supliendo con ello las necesidades materiales de los novios. (Véase Juan 2:1–11). Después, dos veces Jesús multiplicó el pan y los peces para alimentar a la multitud. (Véase, por ejemplo, Mateo 14:13–21). En otra ocasión, le dijo a Pedro que sacara un pez y buscara en su boca para pagar los impuestos con la moneda que encontrara. (Véase Mateo 17:27). Observemos que a menudo los milagros de Jesús tenían que ver con suplir las necesidades materiales de la gente. Dios sigue haciendo lo mismo hoy.

Jesús dijo que Satanás es un *"ladrón"* (Juan 10:10). Los ladrones por lo general roban dinero o cosas que tienen valor monetario. Satanás intentará por todos los medios robar a los hijos de Dios los recursos necesarios para suplir sus necesidades y ayudar a otros. Los milagros son la manera que Dios tiene de recuperar lo que Satanás le roba. Por eso el hacer milagros es un arma usada contra Satanás.

Dios me usa mucho para orar por personas para que encuentren trabajo. Han acudido a mi cientos de personas para pedir oración por asuntos de trabajo: encontrar trabajo, mejorar las condiciones del trabajo, recibir favor en el trabajo y conseguir aumentos de sueldo. Un hombre llamado Brian acudió a mí recientemente y dijo: "Obispo, realmente me gustaría mucho quedarme en la zona de El Paso, pero no encuentro un trabajo de ingeniería. He buscado por todas partes, y no ha salido nada".

"Hermano Brian", dije, "Dios le va a dar más de una oferta de trabajo. Oremos". Oré y profeticé que aparecería más de un trabajo para él.

El domingo siguiente, se acercó a mí con una sonrisa de oreja a oreja. "Obispo", dijo, "sé que no se va a sorprender, pero recibí dos ofertas de trabajo, y ambas me ofrecen mucho dinero".

Así que lo único que faltaba hacer era orar por sabiduría, para que aceptara el trabajo idóneo. Aceptó uno de los trabajo y descubrió que el ingeniero encargado me conocía y que él era la única persona en todo el suroeste certificada en un área en concreto; debido a eso, Brian comenzó a trabajar con miras a esa certificación especial. ¡El hacer milagros llegó mediante la oración por Brian!

Otros milagros

No limite el hacer milagros a la sanidad, liberación y provisión material. Dios tiene muchas formas de producir milagros en usted y a través de usted. Él puede darle favor sobrenatural con otros. Puede dirigirle a encontrar una pareja incluso tarde en la vida. Puede darle un hijo. Puede abrir nuevas oportunidades que le llevarán a mayores bendiciones.

No olvide que Dios puede usarle a *usted* para que se produzcan milagros en la vida de la gente. Esto es hacer milagros. Deje que Dios le use para cambiar la vida de otra persona.

Es trabajo

Una notal final: la palabra griega usada para *"hacer"*, como en el caso de *"hacer milagros"* se puede traducir a nuestra palabra *energía*. Es la palabra común para trabajo. Ningún otro don del Espíritu se considera trabajo, solo el que está asociado a los milagros. Puedo dar fe de que a menudo se necesita mucho trabajo hasta que finalmente se produce un milagro en la vida de una persona. No siempre es fácil o rápido. A veces debe trabajar mucho para que el milagro se produzca en la vida de la persona. Esto es especialmente cierto en el caso de la liberación.

El ministerio de liberación no es para los impacientes. No es para los que se desaniman fácilmente. Tendrá que perseverar en fe y no desanimarse cuando no se produzca el milagro rápidamente en la vida de una persona. Pero manténgase ahí. Entienda que Dios mismo le advirtió que el don es el "hacer" milagros, no el "ver" o "esperar" milagros. Es cierto que las cosas buenas llegan a los que esperan, pero cosas mayores llegan a los que trabajan.

El mayor trabajo que debe hacer constantemente es orar por la gente hasta que se produzca el milagro. Para que Dios le use en hacer milagros, debe estar dispuesto a pasar mucho tiempo orando por la gente. El milagro no ocurrirá siempre en cinco minutos. A veces tendrá que orar mucho por la gente. Eso es lo que hace que el hacer milagros sea muy difícil. Prepárese para trabajar.

DIECISIETE

PROFECÍA

A unos Dios les da por el Espíritu...profecía.
—1 Corintios 12:8–10

El don de profecía es la capacidad de predecir el futuro mediante la omnisciencia del Espíritu Santo con la intención de fortalecer, consolar y animar al pueblo de Dios. La profecía preparará al pueblo de Dios para cualquier desafío que encuentren en el futuro; dará guía al pueblo de Dios para prepararse para cualquier evento futuro.

El deseo de conocer el futuro es muy seductor. La gente soltará miles de dólares a adivinos, espiritistas o los que afirman tener el don de profecía, solo para saber qué les deparará el futuro. Sin embargo, son falsificaciones del verdadero don de profecía. *"Asimismo, los profetas hablen dos o tres, y los demás juzguen"* (1 Corintios 14:29, RVR-1960). Las profecías deben ser juzgadas, pero ¿en base a qué estándar? Alguna versión inglesa traduce la palabra *"juzguen"* con el sentido de "pesar cuidadosamente". Para pesar algo, usted debe ponerlo en una báscula. En los tiempos bíblicos, las básculas tenían dos lados (como la Dama de la Justicia): un lado en el que el vendedor ponía la compra del cliente y el otro lado donde ponía unas cuantas pesas para calcular cuánto pesaba el producto. Algunos vendedores eran deshonestos y usaban pesas falsas; por eso la Biblia dice: *"El Señor aborrece las balanzas adulteradas, pero aprueba las pesas exactas"* (Proverbios 11:1). Así, para tener una báscula precisa había que poner el peso preciso en el otro lado.

Del mismo modo, para juzgar la precisión de la profecía, uno debe pesarlo junto a algo preciso. El peso preciso es la Palabra de Dios. Si una profecía contradice la Palabra escrita de Dios, entonces es una falsa profecía, independientemente de si la predicción se cumple o no. Dios incluso advirtió a Israel de ser engañados por falsos profetas, cuyas profecías se cumplían:

> *Cuando en medio de ti aparezca algún profeta o visionario, y anuncie algún prodigio o señal milagrosa, si esa señal o prodigio se cumple y él te dice: "Vayamos a rendir culto a otros dioses", dioses que no has conocido, no prestes atención a las palabras de ese profeta o visionario. El Señor tu Dios te estará probando para saber si lo amas con todo el corazón y con toda el alma.* (Deuteronomio 13:1–3)

La prueba final de que una profecía es de Dios es si la profecía fortalece o no su relación con el Dios verdadero. La Biblia advierte en contra del mal uso de la profecía más que del mal uso de cualquiera de los demás dones del Espíritu. Por eso Jesús advirtió repetidas veces: *"Cuídense de los falsos profetas"* (Mateo 7:15). Aunque el diablo puede engañar mediante la sanidad y los milagros, muy frecuentemente engaña mediante la profecía. Por eso, un arma importante contra Satanás es el verdadero don de profecía.

El testimonio de Jesús

"El testimonio de Jesús es el espíritu que inspira la profecía" (Apocalipsis 19:10). La verdadera profecía está centrada en Cristo. Algunos acuden a la profecía para buscar qué caballo ganará en el hipódromo o qué número de lotería ganará el premio gordo. Sin embargo, la verdadera profecía está enfocada en nuestra relación con Cristo, no en ganar mucho dinero ni nada por el estilo.

Dios dio la profecía con la intención de ayudar a su pueblo a tratar situaciones futuras. Por ejemplo, la Biblia cuenta la historia de un profeta que predijo una hambruna: *"Uno de ellos, llamado Ágabo, se puso de pie y predijo por medio del Espíritu que iba a haber una gran hambre en todo el mundo"* (Hechos 11:28). ¿Por qué advertir a la iglesia de una hambruna inminente? El siguiente versículo explica por qué: *"Entonces decidieron que cada uno de los discípulos, según los recursos de cada cual, enviaría ayuda a los hermanos que vivían en Judea. Así lo hicieron, mandando su ofrenda a los ancianos por medio de Bernabé y de Saulo"* (versículos 29–30).

La profecía fue dada para preparar al pueblo de Dios para enviar ayuda a los hermanos que vivían en Judea. Así, cuando se produjo la hambruna, los santos en Judea ya tenían alimentos, así que la hambruna no les afectó tanto como lo hubiera hecho si no hubieran estado preparados. El mismo principio lo podemos encontrar cuando Dios reveló en un sueño al Faraón que habría siete años de abundancia seguidos de siete años de escasez. Como el futuro le había sido revelado, y José había interpretado el sueño, el pueblo de Egipto, incluidos los hijos de Israel, fueron librados de morir de hambre. (Véase Génesis 41). Esta profecía preparó a Egipto para ser la nación más poderosa de ese tiempo.

El reverendo Kenneth E. Hagin recibió el aviso de Dios de la inminente recesión de la década de 1970, así que redujo los gastos de su ministerio, y cuando llegó la recesión, no sufrió. Así que la profecía es muy útil para preparar al pueblo de Dios para el futuro. Satanás a menudo crea circunstancias para robarle lo mejor que Dios tiene para usted, pero mediante la profecía, Dios puede ayudarle a evitar las tácticas de Satanás.

Llamado al ministerio

Mientras ayunaban y participaban en el culto al Señor, el Espíritu Santo dijo: "Apártenme ahora a Bernabé y a

Saulo para el trabajo al que los he llamado".
(Hechos 13:2)

El Espíritu Santo seleccionó a los ministros correctos en Antioquía. A pesar de su protesta inicial, Ananías fue obediente a Dios y le entregó el mensaje a Pablo: *"Ese hombre es mi instrumento escogido para dar a conocer mi nombre tanto a las naciones y a sus reyes como al pueblo de Israel. Yo le mostraré cuánto tendrá que padecer por mi nombre"* (Hechos 9:15–16). Esta profecía le dio dirección a Pablo, así que cuando sus hermanos judíos rechazaron su mensaje, supo que tenía que ir a los gentiles. Como confirma la historia, se convirtió en el mayor de los apóstoles.

Dios me había hablado para que pastorease una iglesia en El Paso, pero mi nueva esposa, Sonia, no estaba convencida. Fuimos a una iglesia nueva que acababa de abrir, y el pastor dijo: "Hay un hombre al que Dios ha llamado al ministerio. Pase al frente".

Pensé que podría ser yo, pero al ser un visitante en esa iglesia, era reticente a salir. Varias personas salieron al frente, pero el pastor dijo: "Estos no son a los que Dios está hablando. Usted sabe quién es, así que pase al frente".

Finalmente mi esposa dijo: "Quizá Dios te está hablando a ti".

Así que me puse en pie y tomé a mi esposa de la mano, y dije: "Pasemos al frente".

Cuando lo hice, el pastor dijo: "Ha esperado mucho para pasar al frente. Dios le estaba hablando todo el tiempo, y yo sabía que era usted a quien Dios había llamado al ministerio".

Este pastor nunca antes me había visto. No sabía quién era yo. No tenía ni idea de que mi esposa y yo estábamos hablando de pastorear una iglesia. Después de orar por nosotros, Dios le confirmó a mi esposa que yo había sido llamado verdaderamente a comenzar una iglesia en El Paso; así que lo hicimos, y ha sido un gran éxito tanto a ojos de Dios como a los del hombre.

Esta es tu esposa

Antes de conocer a Sonia, tuve una visión. Estaba tumbado en mi cama con el techo convertido en una pantalla de cine. Allí vi a una mujer con el cabello oscuro, pero su rostro estaba borroso, y oí a Dios decir: "Esta es tu esposa". Mi primer pensamiento fue que yo la prefería rubia. Sé que esto suena carnal, pero creo que Dios me reveló esto para mostrarme que Dios "prefería" a Sonia para mí.

Poco después de tener la visión, fui a una residencia de ancianos a compartir la Palabra a los ancianitos. Era un ministerio que nuestra iglesia acababa de comenzar, y me ofrecí como voluntario para ayudar a enseñar. Fue durante la segunda reunión que tuvimos en ese asilo cuando conocí a Sonia por primera vez. Oré diciendo: "Señor, ¿es esta la mujer que estaba en mi visión?".

No oí ninguna voz celestial confirmando si era o no la mujer de la visión. Después, sin embargo, el pastor asociado, Jorge, se acercó a mí y me preguntó: "¿Quién es esa joven que está con María?".

"Es Sonia. Es la hija de María".

Jorge dijo: "Te pregunto esto porque, en cuanto la vi, oí que Dios decía: 'Esta es la esposa de Tom'".

Desde entonces, ella ha sido la mayor bendición para mí tanto personalmente como ministerialmente.

Una profecía de matrimonio

Hace décadas, varios miembros pasaron al frente para recibir oración. Miré a un hombre soltero llamado Charles y le di una profecía: "Pronto encontrará a su esposa". En solo unas semanas, conoció a Connie, y se casaron. Ahora están felizmente casados y han sido miembros fieles de mi iglesia hasta la fecha.

Una buena batalla

Timoteo, hijo mío, te doy este encargo porque tengo en cuenta las profecías que antes se hicieron acerca de ti. Deseo que, apoyado en ellas, pelees la buena batalla.   (1 Timoteo 1:18)

Las profecías pueden fortalecer nuestra fe. ¿Cómo? Las profecías nos dicen lo que Dios quiere hacer con nuestra vida; y a veces cuando dudamos de la obra de Dios y no vemos la predicción cumpliéndose, luchamos la buena batalla recordándonos las profecías. Evidentemente, en el pasaje de arriba Timoteo no estaba viendo el cumplimiento de las profecías en su vida, así que Pablo le dijo que usara las profecías para estar firme en la fe y esperar que lo que Dios prometió se cumplirá.

Las profecías no necesariamente se cumplen de inmediato, así que debemos usar estas palabras de Dios para acabar con el desánimo. Puede que Dios hable a una esposa diciéndole que su esposo será salvo, pero aún tiene que ver el cambio. Así que la profecía puede ayudarle a evitar que se desanime y tire la toalla en su matrimonio.

La profecía puede ser algo acerca de que su ministerio alcanzará a muchas personas para Cristo, y usted puede usar la profecía para luchar la buena batalla de fe, especialmente durante tiempos de desánimo o ningún fruto evidente.

Esto es probablemente lo que Pablo tenía en mente cuando escribió: *"En cambio, el que profetiza habla a los demás para edificarlos, animarlos y consolarlos"* (1 Corintios 14:3). Las profecías a menudo pueden hacer estas tres cosas: fortalecer su fe, animarle cuando no ve el cumplimiento de las promesas de Dios, y consolarle cuando Dios le dice que sucederá algo triste.

Por ejemplo, Dios le profetizó a David a través de Natán que su bebé iba a morir; y cuando su bebé murió, David encontró consuelo en saber que Dios tenía un propósito. No se olvidó de Dios, ya que Él sabía todas las cosas. De hecho, cuando David se enteró de que su bebé murió, *"se levantó del suelo y en seguida se bañó y se perfumó; luego se vistió y fue a la casa del Señor para adorar"* (2 Samuel 12:20). La profecía le dio consuelo y le ayudó a proseguir hacia delante.

Los últimos días

Estas son dos profecías bíblicas sobre los últimos días. Permítame mostrarle cómo entender adecuadamente estas profecías.

Ahora bien, ten en cuenta que en los últimos días vendrán tiempos difíciles. La gente estará llena de egoísmo y avaricia; serán jactanciosos, arrogantes, blasfemos, desobedientes a los padres, ingratos, impíos, insensibles, implacables, calumniadores, libertinos, despiadados, enemigos de todo lo bueno, traicioneros, impetuosos, vanidosos y más amigos del placer que de Dios. Aparentarán ser piadosos, pero su conducta desmentirá el poder de la piedad. ¡Con esa gente ni te metas!

(2 Timoteo 3:1–5)

Ante todo, deben saber que en los últimos días vendrá gente burlona que, siguiendo sus malos deseos, se mofará: "¿Qué hubo de esa promesa de su venida?".   (2 Pedro 3:3–4)

¿Qué significan para nosotros estas profecías acerca de los últimos días? Nos dicen que vamos por buen camino incluso cuando el mundo va por el mal camino. Hoy más que nunca, vemos vidas de inmoralidad, malas decisiones en cuanto al estilo de vida que se toman como santas y buenas, y se oye más falsa enseñanza acerca de Dios que nunca antes. Por lo tanto, ¿qué hacemos con esto? Si no conociéramos las profecías bíblicas que se nos han dado sobre estos tiempos terribles, inmorales y nada religiosos, quizá iríamos con la multitud y nos uniríamos a la inmoralidad y a los burladores del verdadero cristianismo. Pero en vez de eso, estas profecías nos recuerdan que no tengamos nada que ver con el mundo y que permanezcamos fieles a Dios, incluso aunque el mundo parezca alejarse cada vez más de Él. Dios tiene un plan; así que no debemos fallar las pruebas en estos últimos días, Sin duda, las profecías de la Biblia nos ayudan a guardarnos en contra del plan de Satanás de los últimos tiempos.

No solo Dios nos ha advertido que el mundo empeorará, sino que nos ha advertido que la iglesia será la esperanza del mundo perdido.

En los últimos días, el monte del templo del será puesto sobre la cumbre de las montañas y elevado por encima de las colinas. Entonces los pueblos marcharán hacia ella, y muchas naciones se acercarán, diciendo: "Vengan, subamos al monte del Señor, a la casa del Dios de Jacob. Dios mismo nos instruirá en sus caminos, y así andaremos en sus sendas". (Miqueas 4:1–2)

La gente aprecia más la luz cuando hay una oscuridad total. Dios estaba presagiando mediante los profetas que en los últimos días, cuando el mundo se oscurezca, la gente querrá una luz. Es entonces cuando la iglesia puede brillar más. Así que aunque Dios ha hablado del mundo, también nos ha dicho que muchas naciones acudirán a la iglesia y dirán: *"Vengan, subamos al monte del Señor….Dios mismo nos instruirá en sus caminos, y así andaremos en sus sendas".*

Malentender la profecía

A veces, las profecías se pueden malentender o pueden parecer incompletas, pero cuando oímos el plan completo de Dios, recibimos fuerza, ánimo y consuelo. Este es un ejemplo de una profecía que al principio parecía desalentadora pero después resultó ser de mucho consuelo. La profecía a la que me refiero es la predicación de Ágabo de que Pablo sería encarcelado. Veamos cómo esta profecía fortaleció a Pablo.

> Llevábamos allí varios días, cuando bajó de Judea un profeta llamado Ágabo. Éste vino a vernos y, tomando el cinturón de Pablo, se ató con él de pies y manos, y dijo: —Así dice el Espíritu Santo: "De esta manera atarán los judíos de Jerusalén al dueño de este cinturón, y lo entregarán en manos de los gentiles". Al oír esto, nosotros y los de aquel lugar le rogamos a Pablo que no subiera a Jerusalén. —¿Por qué lloran? ¡Me parten el alma! —respondió Pablo—. Por el nombre del Señor Jesús estoy dispuesto no sólo a ser atado sino también a morir en Jerusalén. Como no se dejaba convencer, desistimos exclamando: —¡Que se haga la voluntad del Señor!
> (Hechos 21:10–14)

El apóstol Pablo tuvo un entendimiento más completo del mensaje profético. Sabía que era la voluntad de Dios que él fuera a Jerusalén, aunque significara la cárcel. ¿Por qué? Porque había oído una profecía diciendo que sufriría mucho y el resultado de ello sería poder testificar a reyes. Esto sucedió en el caso de Pablo; sus cadenas hicieron avanzar el evangelio. (Véase Filipenses 1:12–14). También predicó en el palacio del César. (Véase Hechos 23:12–26:32).

Saco este asunto para que no suponga que entiende cada aspecto de una profecía. Una profecía le da una pieza de un rompecabezas. Y a medida que continúa caminando fielmente en la palabra de profecía, es cuando Dios va iluminando cada vez más su entendimiento de lo que Él está haciendo en su vida.

No siempre predicción

No todas las profecías son una predicción del futuro. A veces Dios le hablará sobrenaturalmente o le usará para hablar sobrenaturalmente a otra persona sin mención alguna del futuro. Puede ser que la única intención que tenga la palabra sea animarle.

Este es un ejemplo de esto en mi vida. Hace años, estaba listo para dejar mi iglesia y hacer otra cosa. Estaba muy desanimado. Le dije a mi esposa que estaba listo para irme de mi ciudad, y ella lloró. Sabía que había experimentado algunos reveses duros en el ministerio, así que ella oró.

Era domingo por la noche, y mi esposa ha se había ido a la cama, y yo me había quedado para ver por televisión al pastor Joel Osteen. Mientras predicaba, pensé: *Joel Osteen es el tipo de pastor que necesita mi iglesia. A mí ya no me necesitan.*

En cuanto terminé de decir eso, Joel Osteen hizo algo poco característico: detuvo su sermón, miró directamente a la cámara, y dijo: "Estoy hablando a un pastor ahora mismo que está desanimado. Usted cree que no es el indicado para el puesto, pero lo es. Usted es el hombre de Dios para su iglesia. No abandone".

Me quedé perplejo, pero sabía que Dios me había hablado. Esta es una forma de profecía, aunque no reveló ningún evento del futuro. Fue una declaración divinamente inspirada. Doy gracias a Dios por la profecía del pastor Osteen, porque fue usada para hacer desaparecer a Satanás de mis pensamientos. Así que no crea que la profecía tiene que ver siempre con el futuro. A veces es tan solo un mensaje para animarle, consolarle y fortalecerle. Y Satanás odia que usted sea animado, consolado y fortalecido.

Nadie lo sabe

El acontecimiento futuro más importante es el regreso de Cristo, y Jesús dijo: *"Pero en cuanto al día y la hora, nadie lo sabe, ni siquiera los ángeles en el cielo, ni el Hijo, sino sólo el Padre"* (Marcos 13:32). Si Jesús no sabe cuándo va a regresar, entonces ¿qué le hace pensar a algún profeta que sí lo sabe?

Siempre han existido individuos arrogantes que creen que han descubierto el tiempo del rapto o la segunda venida de Cristo. Un libro sobre este asunto que obtuvo mucha popularidad se titula *88 Reasons Why Rapture Will Be in 1988* [88 Razones por las que el Rapto Será en 1988]. Un par de miembros de mi iglesia se embelesaron con ese libro. Tuve que corregirlos y decirles que dejaran de distribuir el libro. Ellos me escucharon, pero en el fondo de su mente seguían pensando que era cierto. Por supuesto, cuando el año llegó y pasó, se dieron cuenta del error de su autor, Edgar C. Whisenant.

Nadie puede profetizar o predecir cuándo ocurrirá el fin del mundo. Solo lo sabe el Padre. Alguien podría preguntar: "¿Por qué el Padre le ha ocultado esta información a Cristo?". No se nos da la respuesta, pero lo que sí sabemos es esto: *"Tenemos la mente de Cristo"* (1 Corintios 2:16), así que si Cristo lo supiera, nosotros también lo sabríamos. Este es el secreto que el Padre se ha guardado para Él solo.

Pablo incluso tuvo los mismos problemas de personas que presagiaban el juicio venidero en sus días. Escribió: *"En cuanto a la venida de nuestro Señor Jesucristo y a nuestra reunión con él, les pedimos que no pierdan la cabeza ni se alarmen por ciertas profecías, ni por mensajes orales o escritos supuestamente nuestros, que digan: «¡Ya llegó el día del Señor!» No se dejen engañar de ninguna manera"* (2 Tesalonicenses 2:1–3). Parece que el orgullo se lleva lo mejor de algunas personas, porque quieren ser los que descubran *"el día del Señor"*. No se puede descubrir. Si cree que usted sabe el día, la hora, o incluso el año, es que ha sido engañado. No deje que otros le engañen con ninguna profecía o presagio sobre la fecha del rapto, la segunda venida de Cristo, el fin del mundo o el juicio final. Nadie lo sabe sino solo Dios Padre.

Satanás no conoce el futuro

La gente a menudo me pregunta si Satanás conoce el futuro, y la respuesta es no. Él no es omnisciente, como Dios. Si conociera el futuro, nunca habría inspirado a la gente a crucificar al Señor. Así que una de las mayores armas que Dios usa contra Satanás es la profecía. Dios nos deja saber un poco más sobre el futuro para que podamos ir siempre un paso por delante de Satanás.

DIECIOCHO

DISCERNIMIENTO DE ESPÍRITUS

Porque a éste es dada por el Espíritu...discernimiento
de espíritus.
—1 Corintios 12:8–10 (RVR-1960)

La Warner Brothers me invitó a Hollywood para un visionado especial de su película *The Conjuring*. Es la historia de la vida real de los investigadores paranormales Ed y Lorraine Warren, quienes intentaron expulsar a una familia de demonios que estaban apareciendo en su casa. Como Warner Brothers reconocía mi experiencia en este campo, pensaron que lo disfrutaría y por lo tanto les invitaría a mi iglesia para mostrar la película, sin coste alguno, a todos los miembros, esperando que por el boca a boca, la película se diera a conocer por toda la comunidad.

Mi hija Faith se unió a mí en esta nueva aventura, y nos fuimos a este costoso viaje pagado a Hollywood. Una jovencita muy amable nos recogió en el aeropuerto y nos llevó hasta el estudio. La primera orden de la empresa era firmar un acuerdo para no difundir la trama o expresar opinión alguna hasta que no se estrenara la película. Después nos escoltaron amablemente hasta la sala de proyección 2 para verla en privado. Había todo tipo de comodidades, incluyendo pantalla extra ancha, sillas cómodas, pero no me convencerían para respaldar la película a menos que yo pensara que lo merecía.

La primera escena captó mi atención cuando unos cuantos adolescentes eran atormentados por demonios que creían que provenían de una muñeca. Tras algunos momentos terroríficos, Ed Warren se deshizo de los demonios del mismo modo que yo lo hubiera hecho. Hasta ahora todo bien.

Sin embargo, levanté mi ceño cuando la esposa de Ed, Lorraine, recibió el título de clarividente, una persona que supuestamente ve o percibe cosas invisibles. Frecuentemente, los clarividentes afirman ver o comunicarse con los muertos. Por lo general están engañados y engañan a otros, proyectando la obra de espíritus de muertos.

Las personas muertas *no* están vagabundeando por la tierra, así que los clarividentes no pueden ver nada. Lo que ven podrían ser espíritus de los muertos que antes habían invadido la vida de una persona, pero son demonios, no espíritus humanos. Las personas muertas han dejado esta esfera terrenal y se han ido o bien al cielo o al infierno.

Sin revelar demasiado de la trama, Lorraine y su esposa son llamados a expulsar un demonio que está recorriendo la casa de la familia Perron. Tras investigar la obra de este demonio, Lorraine tiene una visión de la muerte de un niño. Ella cree que el espíritu maligno es una madre que había asesinado a su hijo, y convence a la Sra. Perron de que este *espíritu* ahora está intentando poseer a la Sra. Perron para que también ella mate a sus hijos. La madre es poseída, pero al finales liberada.

Me parece que Lorraine plantó temor en la mente de la madre. Al decir que el espíritu estaba intentando poseer a la Sra. Perron, Lorraine indirectamente provocó la posesión demoniaca. Ella plantó una semilla mala en la mente de la Sra. Perron que dio un fruto terrible y abrió la puerta para que el demonio entrara y la poseyera. El demonio bien podría haber sido el espíritu de asesinato, pero esto no es lo mismo que un espíritu de una madre muerta que vagabundea por la casa para matar.

No es necesario decir que no pude respaldar la película porque sentí que haría más mal que bien. Muchas personas son muy susceptibles. La película podría causar que muchas personas se sintieran poseídas por un demonio, y algunos incluso podrían pedir ayuda a las personas equivocadas, como los clarividentes, para deshacerse de los demonios.

El promotor me dijo que algunos sacerdotes respaldaron la película. Yo pensé: ¿Qué tipo de teología creen *esos sacerdotes? Alguien que conozca la Biblia reconocerá que prohíbe la obra de clarividentes.* La Escritura dice: *"No os volváis a los encantadores ni a los adivinos; no los consultéis, contaminándoos con ellos. Yo Jehová vuestro Dios"* (Levítico 19:31). Los encantadores son personas que supuestamente están entre los vivos y los muertos, comunicando los mensajes de los muertos. Dios prohíbe tales actividades o las actividades de los *"adivinos."* Esto cubre cualquier actividad prohibida en el ámbito del espíritu. La razón por la que Dios quiere que evitemos a estas personas es porque Dios desea que le busquemos solo a Él cuando se trata del mundo espiritual. Y de eso se trata el don de discernimiento de espíritus. Es el Espíritu Santo quien le hace a usted ver, conocer o percibir espíritus. Solo Dios debería abrir sus ojos a la realidad del espíritu.

Alarma antirrobo

El discernimiento de espíritus es la capacidad de reconocer la obra de los demonios. Hoy día, los demonios han sido desatados de formas alarmantes. Su principal obra es engañar. Me gusta cómo expresó el evangelista misionero Reinhard Bonnke al discernimiento de espíritus. Lo llamó la "alarma antirrobos de Dios". Cuando un intruso, o un espíritu malo, intente entrar en su vida, el Espíritu Santo hará sonar una alarma. Lo hace para protegerle de la obra de los demonios.

Teresa comenzó una relación con un hombre al que conoció en Facebook y que afirmaba ser de Francia. Como ella tenía algunas nociones de francés, se interesó en él, pero ella me dijo que algo en su interior no le dejaba estar tranquila. Estaba comenzando a sentir que ese hombre no era quien afirmaba ser.

Yo le dije: "Creo que Dios te está advirtiendo respecto a ese hombre. Creo que no es de Francia, sino de África". Cuando dije esto, se quedó perpleja. Ella dijo que había hablado con él por teléfono una vez, y que su acento no parecía francés sino africano. Tras mi aviso, inmediatamente cortó la relación, le borró como amigo en Facebook, y le bloqueó. Dios la había dado a Teresa discernimiento, haciendo sonar la alarma antirrobos dentro de su espíritu incluso antes de que ella hablara conmigo. Dios hará lo mismo por usted.

Como puede ver, cuando se trata de la guerra espiritual, no hay don del Espíritu más importante que el discernimiento de espíritus: la capacidad de ver, conocer o percibir el espíritu responsable de una enseñanza, manifestación u obra. Este don es muy necesario en el crédulo mundo de hoy día.

Juzgar

La palabra griega para "discernir" es *diskrises*, que se deriva de la palabra *krino*, que significa "juzgar". Literalmente significa juzgar si algo viene de Dios o de Satanás. Pero hoy día la gente no quiere ejercitar el juicio. Prefieren tolerar cualquier enseñanza o conducta, aunque no se ajuste a las normas santas y veraces de Dios.

Hoy día oímos mucho sobre la tolerancia. Tolerancia es la nueva moralidad de un mundo que ha perdido el discernimiento.

La tolerancia no es amor. ¿Aman unos padres a sus hijos al dejarles consumir drogas, acostarse con cualquiera, o unirse a una secta peligrosa? Eso no es amor. *"El amor no se deleita en la maldad sino que se regocija con la verdad"* (1 Corintios 13:6).

La "tolerancia" actual es un intento de mostrar amor sin considerar lo que está bien y mal, la verdad y el error. Es una distorsión del carácter de verdad y justicia de Dios. La tolerancia tomada en un sentido erróneo podría herir a otros en vez de ayudarlos. Por eso los cristianos no pueden ser tolerantes de esta forma o ser políticamente correctos según los estándares delegados de hoy. Si lo hiciéramos, nos abriríamos al engaño.

En el libro de Apocalipsis encontramos a Jesús mencionando la tolerancia. En un caso, Él elogia a una iglesia; y en otro lugar, Él corrige a una iglesia. ¿Qué iglesia cree usted que fue elogiada y qué cree que fue corregido?

A la iglesia en Éfeso, le dijo: *"Yo sé todo lo que haces. He visto tu arduo trabajo y tu paciencia con perseverancia. Sé que no* **toleras** *a la gente malvada. Has puesto a prueba las pretensiones de esos que dicen ser apóstoles pero no lo son. Has descubierto que son mentirosos"* (Apocalipsis 2:2, NTV). A la iglesia de Tiatira: *"Sin embargo, tengo en tu contra que* **toleras** *a Jezabel, esa mujer que dice ser profetisa. Con su enseñanza engaña a mis siervos, pues los induce a cometer inmoralidades sexuales y a comer alimentos sacrificados a los ídolos"* (versículo 20). ¿No es interesante que la iglesia que rehusó tolerar a los malvados fue elogiada por Cristo, y la iglesia que toleró a Jezabel fue corregida?

Hoy día, si las personas ejercitan el discernimiento cuando dicen qué es lo que está bien y mal, se les tacha de moralistas. Necesitamos juicio espiritual. La razón por la que debemos tener discernimiento es porque Satanás, sus ángeles y demonios trabajan para provocar maldad en el mundo. Si el mundo estuviera lleno solo de buenos espíritus, entonces no necesitaríamos el discernimiento de espíritus; pero por desgracia hay muchos espíritus malos en el mundo hoy día que intentarán desviar a la gente.

Espíritus engañadores

> *Pero el Espíritu dice claramente que en los postreros tiempos algunos apostatarán de la fe, escuchando a espíritus engañadores y a doctrinas de demonios.*   (1 Timoteo 4:1, RVR-1960)

Estamos en los *"postreros tiempos"*, y los demonios trabajan principalmente para engañar; por eso se les llama *"espíritus engañadores"* ¿Cómo lo hacen?

> *Tales enseñanzas provienen de embusteros hipócritas, que tienen la conciencia encallecida. Prohíben el matrimonio y no permiten comer ciertos alimentos que Dios ha creado para que los creyentes, conocedores de la verdad, los coman con acción de gracias.*   (1 Timoteo 4:2–3)

Satanás usa a los seres humanos para extender sus mentiras; pero el Espíritu Santo le da discernimiento para reconocer si la enseñanza de una persona es verdadera. Si las personas fueran capaces de reconocer a Satanás, no se ofenderían si usted declara que algo es falso; sin embargo, Satanás es engañoso y usa a personas para torcer la verdad. Así que quizá la gente se ofenda si usted discierne un maestro o enseñanza falsa. Es necesario tener buenas agallas para operar en el discernimiento de espíritus.

La carne de la Palabra

> *Pero el alimento sólido es para los que han alcanzado madurez, para los que por el uso tienen los sentidos ejercitados en el discernimiento del bien y del mal.*   (Hebreo 5:14, RVR-1960)

La persona que se está alimentando de la carne de la Palabra de Dios y viviendo por ella es la que mejor discierne el bien del mal.

Así, cuanto más crezca en el Señor, mejor estarán sus *"sentidos ejercitados en el discernimiento del bien y del mal"*. El discernimiento de espíritus no es solo discernir espíritus *malignos*, sino también reconocer al Espíritu Santo y los espíritus buenos. Alguien que es muy negativo y siente que casi todo el mundo está equivocado no es un creyente maduro alimentado de la carne de la Palabra. Por lo general, son bebés en Cristo que carecen de discernimiento.

Algunas personas son tan críticas y negativas que creen que tienen el don del discernimiento de espíritus. Escuche, el discernimiento de espíritus no es el descubrimiento de que todos somos humanos y cometemos errores. ¡Eso se da por sabido! Es fácil señalar los errores de otros; es mucho más difícil ver lo bueno. Sin embargo, el creyente que se alimenta de la carne en vez de la leche de la Palabra puede ver también espíritus buenos en acción.

Consciente de los demonios

Los demonios son reales, pero no nos obsesionemos con ellos. Algunas personas han caído en el error de ser demasiado conscientes de los demonios. Si oyen un ruido en su casa, creen que son los demonios que están presentes. Si tienen problemas de electricidad, creen que los demonios se están manifestando en su casa. No están ejercitando el discernimiento de espíritus sino más bien están siendo engañados por el diablo, al obsesionarse con lo sobrenatural. Esto también es bastante peligroso, así como es peligroso ignorar a los demonios.

Deseo que usted se sature tanto y absorba tanto la verdad del evangelio que sea plenamente consciente de todos sus derechos, beneficios, defensas e identidad en Cristo.

Visiones

El discernimiento de espíritus puede incluir ver visiones de ángeles buenos. No es siempre ver lo malo. A veces, el discernimiento de espíritus opera mediante visiones y sensaciones físicas. Dios puede abrir sus ojos para que vea ángeles y demonios.

Una mujer llamada Kandra me escribió: "Veo ángeles y demonios todo el tiempo. Alguien me dijo que esto es un don de Dios. ¿Qué cree usted?". Le escribí en respuesta y le dije que no es saludable para ella ni para ninguna persona experimentar constantes visiones de ángeles y demonios. Alguien que constantemente ve demonios probablemente está siendo engañada por el diablo y necesita ayuda psicológica. No he visto que salga nada bueno de personas que constantemente ven visiones de ángeles o demonios. Estas visiones pueden venir, y de hecho vienen, pero no es algo muy común.

Como puede ver, Dios está interesado en protegerle del mal, sin embargo le anima a experimentar el bien. Abra su corazón a Dios, quien quiere darle el don del discernimiento de espíritus.

DIECINUEVE

LENGUAS E INTERPRETACIÓN

*A unos Dios les da por el Espíritu...el hablar en diversas lenguas;
y a otros, el interpretar lenguas.*
—1 Corintios 12:8–10

Por último en la lista de los dones del Espíritu está hablar en lenguas y su don complementario de interpretación. El orden de la lista es importante e indicativo de su grado de importancia. Así que esto pone al hablar en lenguas y su interpretación como el menor de todos los dones. Recuerde: Pablo mencionó que algunos dones son más importante que otros: *"Ambicionen los mejores dones"* (1 Corintios 12:31).

Un hombre llamado Frank me escribió un correo electrónico: "Le he pedido a Dios que me llene del Espíritu Santo, pero aún no he hablado en lenguas. Dios me usa en sanidad, ¿por qué no puedo hablar en lenguas?". Frank tenía una visión errónea de las lenguas. Hasta que fue capaz hablar en lenguas, se sentía inferior. Cuestionaba si realmente tenía al Espíritu Santo. Muchos cristianos se sienten igual que Frank. Pero anímese: si tiene alguno de los dones mencionados en 1 Corintios 12, usted tiene el Espíritu Santo. Recuerde: no hay forma posible en que usted pueda manifestar los dones del Espíritu sin tener primero el Espíritu.

Beneficios personales de hablar en lenguas

La razón por la que el don de lenguas se menciona en último lugar no es porque no tenga beneficios, sino porque sus beneficios son privados y personales en lugar de públicos y colectivos. *"El que habla en lenguas se edifica a sí mismo; en cambio, el que profetiza edifica a la iglesia….Por eso ustedes, ya que tanto ambicionan dones espirituales, procuren que éstos abunden para la edificación de la iglesia"* (1 Corintios 14:4, 12). Hablar en lenguas no edifica a la iglesia, a menos que sea con interpretación. A menos que esto ocurra, el único que se beneficia de las lenguas es el que habla en lenguas. Pablo dijo: *"El que habla en lenguas se edifica a sí mismo"*.

La edificación personal es importante, y por eso las lenguas es un gran don. Beneficia a quien las habla. Pero como sus beneficios están limitados al que usa el don, Pablo considera que las lenguas es el último de los dones. Todos los demás dones benefician a otros. Por ejemplo, el don de sanidad beneficia a la persona que está enferma, no al que tiene el don de sanar a los enfermos. Lo mismo puede decirse de cada don del Espíritu salvo el de las lenguas. Esto no es para hacer de menos a las lenguas, sino para ponerlo en la perspectiva apropiada.

El nuevo don

Las lenguas es un don muy especial porque es un nuevo don que representa el nuevo pacto. Ninguno de los profetas del Antiguo Testamento habló en lenguas. Jesús no habló en lenguas. (Claro, no necesitaba hacerlo porque conocía todos los misterios). Así que las lenguas es un nuevo don y no existía antes del nacimiento de la iglesia.

La razón por la que Dios dio un nuevo don después de la ascensión de Cristo fue para mostrar el nuevo pacto. ¡Con el nuevo pacto llegaron nuevos dones! Si solo tuviéramos los mismos dones que estaban disponibles para los profetas del Antiguo Testamento, entonces ¿qué es lo que haría que el nuevo pacto fuera especial o mejor?

Cuando los primeros ciento veinte discípulos hablaron en lenguas, quienes observaban se quedaron atónitos; nunca habían visto nada igual. Y Pedro usó este don especial para anunciar el cumplimiento de las profecías que declararon los profetas. Él proclamó: " *"Compatriotas judíos y todos ustedes que están en Jerusalén, déjenme explicarles lo que sucede; presten atención a lo que les voy a decir. Éstos no están borrachos, como suponen ustedes. ¡Apenas son las nueve de la mañana! En reali-dad lo que pasa es lo que anunció el profeta Joel: ""Sucederá que en los últimos días —dice Dios—, derramaré mi Espíritu sobre todo el género humano"* (Hechos 2:14–17). Si los primeros ciento veinte discípulos hubieran manifestado solamente los dones ya narrados en el Antiguo Testamento, entonces Pedro no podría haber unido el derramamiento del Espíritu al cumplimiento del nuevo pacto. Dios dio un nuevo don para demostrar que el nuevo pacto había comenzado.

¿Qué tienen de especial las lenguas?

¿Por qué hablar en lenguas es el don que anunció el nuevo pacto? La respuesta es sencilla. Hablar en lenguas significa un cambio en la forma de conversión del antiguo pacto. Bajo el antiguo pacto, si alguien quería convertirse al judaísmo tenía que aprender hebreo. Pero bajo el nuevo pacto, nadie tiene que aprender hebreo; en cambio, Dios sobrenaturalmente da a personas un lenguaje mayor que el hebreo, uno celestial. Eso es hablar en lenguas. Es el lenguaje del cielo.

Uno no aprende las lenguas como aprende otros lenguajes. Viene directamente del Espíritu Santo. Pablo lo llama el "len-guaje de los ángeles". (Véase 1 Corintios 13:1). Hay lenguajes de los hombres y luego está el lenguaje de los ángeles. Los ángeles son parte del cielo, y por eso hablar en lenguas es una señal al mundo de nuestro nacimiento espiritual.

¿Cómo puede usted saber dónde ha nacido una persona? No por su color de piel o su ropa, sino por su lenguaje. Así como el lenguaje de una persona revela su lugar de nacimiento, así hablar en lenguas revela que hemos nacido de nuevo del cielo.

El código de oración secreto

El propósito de todos los lenguajes, incluyendo el lenguaje del cielo, es ayudar en la comunicación. Una de las herramientas más importantes de la guerra espiritual es la comunicación secreta. Si alguien está en guerra, necesita comunicarse en secreto con sus propias tropas sin que el enemigo oiga lo que se dice. Eso es lo que las lenguas hacen por nosotros. Es el lenguaje de comunicación secreto de Dios hacia Dios y los ángeles. *"Porque el que habla en lenguas no habla a los demás sino a Dios. En realidad, nadie le entiende lo que dice, pues habla misterios por el Espíritu"* (1 Corintios 14:2). Hablar en lenguas no es un lenguaje terrenal que la gente entiende. Pero Dios y sus ángeles sí lo entienden. Cuando una persona habla en lenguas, se convierte de hecho en una oración a Dios, la cual Satanás no puede descifrar.

El don de lenguas confunde a un asesino

Un hombre armado entró en una escuela de Atlanta y comenzó a disparar. Afortunadamente, para los estudiantes y maestros, Antoinette Tuff estaba ahí para hablar con el joven para que se rindiese. Ella dijo a Diane Sawyer de las noticias de la ABC: "Comencé a interceder. Comencé a orar en el Espíritu". Creo que Dios tomó sus oraciones en lenguas y confundió al enemigo dentro de ese hombre, el enemigo no pudo comunicar sus planes de muerte al hombre. Gracias a Dios por el don de orar en lenguas. Hablar en lenguas salva vidas.

Es un error orar solamente en su propio lenguaje. Satanás sabe por lo que usted ora cuando lo hace en su propio lenguaje, así que actúa para impedir la respuesta. Pero cuando ora en lenguas, él no tiene ni idea de lo que le está pidiendo a Dios. Usted no sabe necesariamente por lo que está orando, pero puede estar seguro de que es la oración perfecta de Dios.

Porque si yo oro en lenguas, mi espíritu ora, pero mi entendimiento no se beneficia en nada.   (1 Corintios 14:14)

La oración es comunicación divina con Dios, y eso es el orar en lenguas, es una comunicación del espíritu del creyente con Dios. Los lenguajes terrenales se aprenden y vienen de la mente, pero las lenguas no se aprenden y vienen del espíritu humano nacido de nuevo. Puede que las lenguas sean el don menor en términos de beneficio público, pero es el mayor en términos de oración.

Todos deberían hablar en lenguas

Como es la forma más alta de oración, Pablo exclama: *"Yo quisiera que todos ustedes hablaran en lenguas"* (1 Corintios 14:5). Pablo anhela que todos hablen en lenguas. Yo creo que ciertamente es la voluntad de Dios que usted también ore en lenguas. No veo razón por la que Dios retenga el don de lenguas de cualquiera de sus hijos. Parece lógico que Dios quiera que todos sus hijos se comuniquen con Él en el lenguaje de oración más hermoso. Además, todos necesitamos este código de oración secreto para la guerra espiritual.

Permítame darle alguna prueba de que todos en la iglesia primitiva hablaban en lenguas como un lenguaje de oración y que esto debería hacerle buscar el don de lenguas para usted. Parece que toda la iglesia en Corinto hablaba en lenguas: *"Así que, si toda la iglesia se reúne y todos hablan en lenguas…"* (1 Corintios 14:23). Los términos *"toda la iglesia"* y *"todos"* sugieren que cada creyente en Corinto hablaba en lenguas. Creo que esto apoya el argumento de que todos los miembros de la iglesia pueden hablar en lenguas, si se entregan a este don.

Aunque Pablo anhelaba que todos hablaran en lenguas, no quería que el don privado se usara mal públicamente. Pablo permitió el uso público del don de lenguas solo cuando había alguien capaz de interpretar las lenguas de forma simultánea o consecutiva.

Si se habla en lenguas, que hablen dos —o cuando mucho tres—, cada uno por turno; y que alguien interprete. Si no hay

intérprete, que guarden silencio en la iglesia y cada uno hable
para sí mismo y para Dios. (1 Corintios 14:27–28)

Abusamos del don de lenguas cuando una persona toma lo que pretendía ser algo devocional privado y personal e intenta usarlo de una forma pública. Pablo desalentó el uso público de las lenguas, a menos que se interpretaran. Las lenguas con interpretación, bien por el orador mismo o por un intérprete, se convierten en una bendición pública. Por supuesto, la interpretación también supondría que Satanás conozca lo que se haya dicho, lo cual de algún modo anula el poderoso beneficio de las lenguas como un código de oración secreto hacia Dios. Así que Pablo animó a que la profecía fuera el don normal para los mensajes públicos. *"El que profetiza aventaja al que habla en lenguas, a menos que éste también interprete, para que la iglesia reciba edificación"* (1 Corintios 14:5). Por eso las lenguas con la correspondiente interpretación, según Pablo, es equivalente a la profecía.

Los beneficios de hablar en lenguas

Además de su uso privado y personal, hablar en lenguas tiene otros beneficios en su vida.

1. Hablar en lenguas le hace ser más como Cristo.

En cambio, el que profetiza habla a los demás para edificarlos,
animarlos y consolarlos. El que habla en lenguas se edifica a sí
mismo. (1 Corintios 14:3–4)

Hablar en lenguas *"edifica"* a la gente. Piense en la palabra *edificio*. Un edificio es una construcción, y nuestra vida es como una construcción: *"En efecto, nosotros somos...el edificio de Dios"* (1 Corintios 3:9). En efecto, Pablo estaba diciendo que cuando usted habla en lenguas, actúa como un contratista que edifica su vida espiritual. Pero nuestras vidas no están construidas del todo aún. Aún estamos en el proceso de estar *"edificando una casa espiritual"* (1 Pedro 2:5). Dios aún no ha terminado con usted.

Las lenguas, por lo tanto, ayudan a Dios a edificar su vida para que sea más como Cristo. Observe en el pasaje de arriba las palabras *"edificarlos, animarlos y consolarlos"*. Hablar en lenguas le dará la fortaleza espiritual para soportar la tentación. Durante los tiempos de prueba, hablar en lenguas le dará ánimo espiritual. Y cuando llegue el dolor, será consolado al hablar en lenguas. Quizá no se dé cuenta de que estas bendiciones están siendo derramadas sobre usted cuando habla en lenguas, pero la Palabra dice que es así.

2. Hablar en lenguas edifica su fe.

Judas usa el mismo lenguaje cuando habla acerca de orar en lenguas. *"Pero vosotros, amados, edificándoos sobre vuestra santísima fe, orando en el Espíritu Santo"* (Judas 20, RVR-1960). Nuestra fe a menudo es débil. Las dudas comienzan a inundar nuestra fe. La confusión comienza a expulsar a nuestra confianza. Pero orar en lenguas hace que nuestra fe sea edificada. Estoy seguro de que cuanto más ore en lenguas, más crecerá su fe. Quizá no asocie la fe con hablar en lenguas, pero la Biblia confirma esto.

3. Hablar en lenguas fortalece su vida de oración.

¿Qué debo hacer entonces? Pues orar con el espíritu, pero también con el entendimiento. (1 Corintios 14:15)

A veces, usted no está seguro de por qué orar, pero el Espíritu Santo sabe exactamente lo que usted y otros necesitan de Dios. Así que cuando esté inseguro de por qué orar, comience a orar en lenguas.

Una mujer acudió a mí y me pidió que orase por su hijo, quien se enfrentaba a delitos penales. ¿Cómo oro? ¿Oro para que el jurado le declare inocente? ¿Y qué ocurre con las víctimas? ¿Debería orar que cumpla un tiempo en prisión? Quizá es inocente. ¿Serviría eso el propósito de Dios para él al estar en prisión? Así que decidí orar en el Espíritu. Le expliqué a la madre que no estaba seguro de lo que Dios quería para la vida de su hijo, pero que oraría en el

164 Dones Espirituales para la Guerra Espiritual

Espíritu y que Dios usara mi lenguaje celestial para lograr su perfecta voluntad. Ella accedió. Después, el abogado del distrito retiró los cargos y su hijo comenzó a asistir a la iglesia.

No pretendo saber todo lo que Dios quiere hacer. Oro lo mejor que sé. En las situaciones en que la voluntad de Dios es fácil de discernir, oro específicamente por ello. Pero en otras ocasiones, cuando no sé lo que Dios quiere hacer, oro en el Espíritu. Orar en el Espíritu también elimina el egoísmo en la oración. Todos podemos ser egocéntricos en nuestra vida de oración, pero cuando oramos en el Espíritu, siempre oramos la perfecta voluntad de Dios.

A veces sentirá una urgencia de orar, pero no le vendrá nada a su mente. O quizá una persona o situación por la que orar viene a su mente, pero no está seguro de por qué siente esa urgencia. Es entonces cuando la oración en lenguas es muy beneficiosa.

Antes de casarme, mi esposa Sonia vivía en otro estado. Pero Dios le dio la urgencia de orar por mí. Ella no sabía lo que yo estaba haciendo en ese momento, pero oró en el Espíritu. Después, me preguntó si me había ocurrido algo peligroso, y le dije que había tenido un mal accidente en un conducto de nieve. Aunque di una voltereta, aterricé perfectamente bien y no sufrí ninguna lesión seria. ¿Es posible que sin las oraciones de Sonia, podría haber muerto o haberme lesionado gravemente? Quizá. Una cosa es segura: Dios pondrá gente en nuestro corazón por la que orar; pero cuando no sabemos lo que necesitan, deberíamos orar en lenguas.

4. Hablar en lenguas redime su actitud.

Cantar con el espíritu, pero también con el entendimiento. De otra manera, si alabas a Dios con el espíritu, ¿cómo puede quien no es instruido decir "amén" a tu acción de gracias, puesto que no entiende lo que dices? En ese caso tu acción de gracias es admirable, pero no edifica al otro. (1 Corintios 14:15–17)

A la gente le falta gratitud. Es fácil enfocarse en los periodos oscuros de sus vidas sin reconocer los buenos tiempos. Orar en lenguas es una forma de "alabar a Dios con su espíritu". A menudo, cuando ora en el Espíritu, ni tan siquiera le está pidiendo algo a Dios; solo le está alabando y dándole gracias.

De hecho, el primer incidente de hablar en lenguas en la Biblia fue de alabanza: "*¡Todos por igual los oímos proclamar en nuestra propia lengua las maravillas de Dios!*" (Hechos 2:11). Los ciento veinte asistentes en el aposento alto estaban proclamando "*las maravillas de Dios*" mediante la oración en lenguas. Hablar en lenguas no es solo un lenguaje de oración; es un lenguaje de alabanza. Es una gran manera de alabar a Dios.

Satanás intentará que usted se vuelva negativo y se queje. La negatividad es su especialidad, pero cuando usted alaba a Dios con su espíritu en lenguas, su actitud cambiará, y se sentirá positivo y animado.

5. Hablar en lenguas produce descanso.

Aunque hablar en lenguas no ocurrió en el Antiguo Testamento, había profecías de que ocurriría. El apóstol Pablo citó Isaías 28 cuando dijo: "*«Por medio de gente de lengua extraña y por boca de extranjeros hablaré a este pueblo, pero ni aun así me escucharán»*" (1 Corintios 14:21). Veamos ahora el pasaje original en Isaías.

Pues bien, Dios hablará a este pueblo con labios burlones y lenguas extrañas, pueblo al que dijo: "Éste es el lugar de descanso; que descanse el fatigado"; y también: "Éste es el lugar de reposo." ¡Pero no quisieron escuchar! (Isaías 28:11–12)

Observe que Isaías dijo que hablar en "*lenguas extrañas*" es el camino para el "*lugar de descanso*". Los que están cansados pueden descansar en el Señor orando en lenguas. Cuando se sienta espiritualmente exhausto y le cueste caminar en los caminos de Dios, comience a orar en lenguas, y encontrará el descanso que anhela su alma. Recibirá dirección divina y sabrá dónde ir.

Durante más de treinta años de caminar con el Señor, he experimentado que cuanto más oro en lenguas, más soy guiado por el Señor. Cuando no oro en lenguas, tiendo a cometer errores. Por favor, use este don de lenguas y ore a menudo en el Espíritu.

La interpretación de lenguas

Una nota final: como mencioné previamente, el don de interpretación es un acompañante del don de hablar en lenguas. Se usa por lo general en un entorno público para explicar el mensaje en lenguas. No es una traducción de las lenguas, porque ¿cómo se puede traducir palabra por palabra un lenguaje celestial? Usted no puede entender algo espiritual, como las lenguas, mediante el lenguaje y la interpretación del hombre. Es como intentar que encaje una varilla redonda en un agujero cuadrado. Así que deberíamos entender que la interpretación no es una traducción perfecta de las lenguas. Sin embargo, ofrece el significado general de lo que se ha hablado.

Esto explica por qué a veces un mensaje en lenguas puede que dure treinta segundos pero la interpretación dura dos minutos. No crea que algo salió mal; no es posible que las palabras humanas expresen exactamente lo que alguien dice en lenguas.

Por esta razón, el que habla en lenguas pida en oración el don de interpretar lo que diga.   (1 Corintios 14:13)

Nadie entiende mejor lo que una persona dice en lenguas que la persona que habla. A fin de cuentas, el mensaje espiritual se expresa mediante su espíritu; así que él debería esperar recibir la palabra esencial que Dios está diciendo a la gente. Sin embargo, Dios puede que use a otra persona para interpretar el mensaje.

Sea valiente y pídale a Dios la interpretación de lo que usted habla en lenguas.

VEINTE

CÓMO ACTIVAR
LOS DONES

*Por eso te recomiendo que avives la llama del don de Dios
que recibiste cuando te impuse las manos.*
—2 Timoteo 1:6

Hace años, llevé a mi esposa y mis tres hijos de acampada vacacional a Colorado Springs. No había acampado desde mi juventud, así que era un poco inexperto. Decidimos ir a pescar, y después de pescar algunos peces, nos dirigimos al camping para cocinarlos en una hoguera. Me costó muchísimo mantener el fuego encendido. Intenté poner más ramas, pero no ayudaba. Nada de lo que hacía mantenía el fuego ardiendo.

Uno de los hombres del camping vio mi dificultad y se acercó con una caja de cartón aplastada, la cual usaba para azuzar la llama. Me sentí estúpido. Inmediatamente recordé el pasaje de Timoteo donde Pablo le animó a no dejar que el fuego del Espíritu se apagase sino que avivara el fuego para que fuera mayor.

Deberíamos querer más manifestaciones del Espíritu Santo. Y estas manifestaciones no sucederán sin que nosotros "abaniquemos la llama". He visto muchas iglesias carismáticas y pentecostales perder el fuego. Se han vuelto demasiado sensibles al secularismo y a la inclinación anti-sobrenatural del mundo. Así, muchos tienen miedo de actuar en los dones del Espíritu. Esto no es nada nuevo. Por eso Pablo explicó a Timoteo que iba a tener que deshacerse del temor. *"Pues Dios no nos ha dado un espíritu de timidez, sino de poder, de amor y de dominio propio"* (2 Timoteo 1:7).

La timidez es el temor a la gente. Satanás intentará hacer que usted tema a la gente, pero debe hacer frente a este temor y vencerlo si quiere avanzar con eficacia en los dones. En el ministerio de liberación he tenido que soportar muchas críticas, tanto de incrédulos que no creen en la realidad de los demonios como de cristianos a quienes no gusta mi estilo de liberación. El punto es que usted tendrá que aceptar el hecho de que será criticado. Jesús fue criticado por echar fuera demonios y fue incluso acusado de estar asociado con Satanás. Si Jesús fue criticado, tenga por cierto que usted también lo será.

Prométeme una cosa

Norvel Hayes, un empresario que se convirtió en ministro, es usado extraordinariamente en los dones del Espíritu. No es un hombre elocuente, pero Dios le usa para sanar a los enfermos y echar fuera demonios. A medida que su ministerio creció en popularidad, Dios le habló: "Norvel, debes prometerme una cosa".

"¿Qué, Señor?", dijo él.

"Prométeme que cuando te conviertas en alguien grande y famoso, no dejarás de echar fuera demonios".

"¿Por qué querría yo dejar de hacerlo, Señor?".

"Muchos de mis ministros echan fuera demonios al comienzo, pero cuando son famosos en el ojo público, dejan de echar fuera demonios para evitar la crítica pública. Prométeme, Norvel, que no serás como ellos".

Norvel lo prometió, y ha cumplido su promesa a Dios.

Es triste ver a algunas personas postrarse ante el deseo de la aceptación social más que ante los dones espirituales, evadiendo y alejándose de los dones sobrenaturales del Espíritu. Estas personas se avergüenzan del evangelio.

Poder, amor y dominio propio

Pablo le dijo a Timoteo que, en vez de timidez, Dios le había dado un espíritu *"de poder, de amor y de dominio propio"*. El primer don que Dios nos ha dado para vencer la timidez es poder. Poder significa capacidad. Pablo le estaba recordando a Timoteo que en su propio poder, no podía manifestar lo sobrenatural, pero que Dios le había dado poder sobrenatural. Lo mismo ocurre con usted: si ha recibido el bautismo en el Espíritu, tiene poder.

El segundo don que recibimos para vencer la timidez es amor. Hay dos formas de entender el don de amor en el caso de Timoteo: primero, Dios amaba a Timoteo, incluso cuando otros le odiaban; segundo, Timoteo debía usar los dones del Espíritu por amor a otros. Mientras usted sepa que está actuando en los dones por amor por ayudar a otros, puede tener una conciencia limpia. El problema llega cuando usted quiere ser visto por sus dones. Eso es orgullo en vez de amor.

Pablo también mencionó un tercer don para vencer la timidez: dominio propio. Usted necesitará dominio propio para avanzar eficazmente en los dones del Espíritu. A veces la gente piensa que depende totalmente de Dios el cuándo y cómo funcionan los dones. Pero la verdad es que usted tiene mucho que decir respecto a cuánto y cuándo actuarán los dones a través de usted. Sí, Dios es soberano, pero Él actúa mediante canales humanos. Si no lo hiciera, entonces ¿por qué le dijo Pablo a Timoteo que *"avives la llama del don de Dios"* (2 Timoteo 1:6)? Está claro que tenemos una parte que desempeñar en cuanto a cuándo, cómo y la frecuencia con que los dones del Espíritu se activarán en nuestras vidas.

Usted tiene que disciplinarse para actuar en esos dones del mismo modo que tiene que disciplinarse en cualquier otra cosa en la que haya recibido un don. Los atletas pueden ser grandes y estar dotados para lo que hacen, pero aun así tienen que disciplinarse para ser mejores. Usted tiene que hacer lo mismo con los dones del Espíritu. Será mejor actuando en los dones a medida que se discipline.

Apagar el fuego del Espíritu

No apaguen el Espíritu, no desprecien las profecías.
(1 Tesalonicenses 5:19–20)

Desgraciadamente, podemos "apagar el Espíritu" e impedir que se mueva. Pero es aún peor que esto por lo general se haga intencionalmente.

Un buen amigo mío, Chas, que pastorea en Houston, Texas, me contó acerca de su primer encuentro con un demonio. Acababa de ser salvo en una gran iglesia denominacional. Su pastor le dijo que creían en toda la Biblia, así que Chas supuso que eso incluía las partes que tratan sobre echar fuera demonios. Después, Chas acompañó a un grupo de personas de la iglesia a un restaurante cuando una mujer de su grupo cayó al suelo en el estacionamiento y parecía tener una crisis. Chas era un cristiano recién convertido, pero había leído en su Biblia y sabía que Jesús nos dio autoridad para echar fuera demonios, así que les dijo a los demonios que salieran. Al final, los demonios salieron y la mujer fue liberada.

Al día siguiente, Chas recibió una llamada de uno de los pastores pidiéndole reunirse con él. El pastor le dijo que se había enterado de lo ocurrido con la mujer poseída.

"Sí", dijo Chas. "Gloria a Dios que fue liberada de los demonios".

Entonces Chas recibió una fea sorpresa cuando el pastor le dijo: "Hermano Chas, estoy contento de que todo saliera bien esta vez. Sin embargo, no queremos que vuelva a echar fuera demonios de los miembros de la iglesia. Nosotros no creemos en eso".

Chas pensó: ¿Cómo es posible que no crean en esto cuando está en la Biblia? Enseguida descubrió que hay dos grupos de cristianos: carismáticos y no carismáticos. Esta iglesia apaga intencionalmente el fuego del Espíritu al no aceptar los dones y actuar en ellos.

Pablo advirtió a los líderes de la iglesia que no hicieran esto: *"Así que, hermanos míos, ambicionen el don de profetizar, y no prohíban que se hable en lenguas"* (1 Corintios 14:39). Los líderes de la iglesia pueden poner todas las excusas posibles, pero si prohíben profetizar y hablar en lenguas en la iglesia, han desobedecido a Dios, y peor aún, han detenido que Dios ayude a su pueblo.

Este es un ejemplo de una pregunta que me suelen hacer constantemente: "Hermano Tom, si los milagros son reales, ¿por qué yo no he visto ninguno?". La respuesta es sencilla: esa persona va a una iglesia que apaga el fuego del Espíritu. Si una iglesia no quiere ver manifestaciones sobrenaturales, entonces no las verá. Muchos han detenido la obra del Espíritu Santo.

Temor a lo sobrenatural

Hay una tendencia en el género humano a evitar cosas que son misteriosas o que están más allá de cualquier explicación racional. Y no hay una explicación racional de los dones espirituales. Seamos sinceros: muchas personas están muy intranquilas cuando son testigos de una manifestación de los dones. Piense en la primera vez que oyó a alguien hablar en lenguas. ¿Cómo se sintió? Probablemente, cuanto menos, incómodo. Ahora recuerde la primera vez que vio algún demonio manifestarse en alguien. Eso probablemente le produjo temor.

Esto es muy parecido a lo que le ocurría a la gente en los tiempos de Jesús. Después que Jesús liberase al endemoniado en la región de los gerasenos, la Biblia dice: *"Entonces toda la gente de la región de los gerasenos le pidió a Jesús que se fuera de allí, porque les había entrado mucho miedo. Así que él subió a la barca para irse"* (Lucas 8:37).

Jesús se amoldó. Se fue. No había sentido en que siguiera intentando darles algo bueno si tenían miedo a ello. Lo mismo sucede hoy día. Si usted tiene miedo a los dones del Espíritu, el Señor se amoldará a sus temores y le dejará tranquilo. No se los impondrá si tiene usted miedo.

Esta no fue la única ocasión en la Biblia en que la gente tenía miedo de lo sobrenatural. Los discípulos tenían miedo cuando vieron a Jesús caminando por el agua y calmar la tempestad. Es bastante humano tener miedo a lo que no puede explicar.

Deseo santo

Empéñense en seguir el amor y ambicionen los dones espirituales, sobre todo el de profecía. (1 Corintios 14:1)

Supongo que la mejor forma de avivar la llama del don de Dios es desear los dones. Sin un deseo santo, es muy improbable que vea los dones manifestarse en su vida.

El primer paso para desear los dones espirituales es experimentarlos de primera mano en su vida. Cuando yo era un adolescente, mi tío se casó con una mujer mexicana que tenía un hijo llamado Gilbert. Yo estaba emocionado porque tenía un nuevo primo de mi edad aproximadamente con quien jugar. Al ser de México, Gilbert no estaba acostumbrado a la comida americana, así que cuando nuestra familia pidió una pizza y le ofreció a Gilbert, él rehusó.

Dijo: "No me gusta la pizza".

¡Vaya! Nunca había oído de alguien a quien no le gustara la pizza, así que le pregunté: "Gilbert, ¿cuándo fue la última vez que comiste pizza?".

Él se detuvo. "Ah, de hecho nunca he comido pizza".

"¿Cómo sabes que no te gusta si nunca la has probado?". Le rogué que la probara, pero durante meses, él rehusó la pizza cuando la comíamos en casa.

Finalmente, reticentemente la probó. "¡Oh, vaya!", sonrió Gilbert. "Está buena. Me gusta". Después se comió también nuestra parte. Hasta la fecha, a Gilbert le encanta la pizza, pero al principio pensaba que no le gustaba. Esto me recuerda al Salmo 34:8: *"Prueben y vean que el Señor es bueno"*.

Algunos de ustedes que leen este libro quizá nunca hayan experimentado los dones del Espíritu de primera mano en su vida, así que piensan que no les gustarán. Ustedes son como mi primo Gilbert. No sabrán de cierto si les gustan los dones hasta que los prueben usándolos. Por mi propia experiencia sé que cuando un cristiano experimenta por primera vez los dones del Espíritu manifestándose en su vida, nunca quiere ser un cristiano común.

Permítame llevar un paso más adelante esta analogía de la comida. Supongamos que va contra su religión comer cerdo. Cuando usted huele el beicon al freírse, disfruta el aroma, pero no lo comerá porque cree que Dios lo prohíbe. Lo mismo ocurre con los que han visto los dones del Espíritu operar en las vidas de otras personas. Reconocen los beneficios de los dones espirituales, pero les han enseñado que hablar en lenguas es del diablo, o que la sanidad y los milagros son engaños de Satanás, o que la profecía es añadir a la Biblia. Así que los evitan.

Quizá usted sea una de esas personas. Sea sincero. Usted ve los beneficios. Acéptelos en su vida, y cuando los experimente, entenderá lo maravillosos y beneficiosos que pueden ser tanto en su vida como en las vidas de otros.

Finalmente, la manera de crear un deseo santo por estos dones es verlos regularmente en las vidas de otros. Yo sé cuando veo a un ministro operar en los dones, que soy lleno de un deseo de hacer lo mismo. Esto ocurre con todo. Usted puede crear el deseo mirándolo. Siga a propósito a ministros que operen regularmente en los dones del Espíritu. Al hacerlo, eso creará en usted un deseo santo de actuar en los dones; avivará la llama del don de Dios que está en usted.

VEINTIUNO

EL FRUTO DEL ESPÍRITU

Justo en medio del discurso de Pablo sobre los dones del Espíritu, él da un aviso importante:

> Si hablo en lenguas humanas y angelicales, pero no tengo amor, no soy más que un metal que resuena o un platillo que hace ruido. Si tengo el don de profecía y entiendo todos los misterios y poseo todo conocimiento, y si tengo una fe que logra trasladar montañas, pero me falta el amor, no soy nada. Si reparto entre los pobres todo lo que poseo, y si entrego mi cuerpo para que lo consuman las llamas, pero no tengo amor, nada gano con eso. (1 Corintios 13:1–3)

Pablo recuerda a los creyentes que el Espíritu Santo no vino solo para darnos dones, sino para que llevásemos fruto también. ¿Y qué mejor fruto menciona Pablo que el amor? Aunque no es el único fruto, el amor es el mayor fruto de todos.

> En cambio, el fruto del Espíritu es amor, alegría, paz, paciencia, amabilidad, bondad, fidelidad, humildad y dominio propio. No hay ley que condene estas cosas. (Gálatas 5:22–23)

Me parece interesante que Pablo menciona nueve frutos del Espíritu, que es el mismo número de dones que menciona en 1 Corintios 12:8–10.

Así como los sumos sacerdotes del Antiguo Testamento llevaban una túnica con un patrón alterno de campanas y granadas cosidas al borde, así cada don del Espíritu tiene un fruto correspondiente que deberíamos mostrar.

Una mejor persona

Para terminar este libro, sentí que era importante recordarle que los dones pueden hacerle más fuerte y sagaz, pero solo el fruto del Espíritu puede hacerle una mejor persona. ¿Quién no estaría de acuerdo con la belleza de estos nueve frutos? Si usted expresa amor, gozo y paz, ¿acaso eso no le hará ser una mejor persona? ¡Seguro que sí! ¿Y qué tal si muestra paciencia y benignidad a otros? ¿No cree que le haría ser mejor? ¿Le consideraría la gente una buena persona si viviera una vida buena y fiel? Por supuesto que lo harían. Y si fuera amable con otros y ejercitara la templanza en su vida, ¿cree que su vida sería mejor? No cabe duda de que los frutos del Espíritu le hacen ser un mejor ser humano.

El objetivo final de Satanás es hacerle pecar, pero los frutos del Espíritu le capacitan para resistir a Satanás con más eficacia.

El mismo Espíritu Santo que le da los dones es el mismo Espíritu que da este fruto. Él es el Dador de los dones y el Productor de frutos. La diferencia entre dones y frutos es esta: los dones se reciben, pero el fruto se debe cultivar. Y es más fácil recibir un regalo que desarrollar el fruto. Sin embargo, el mismo Espíritu Santo puede ayudarnos a desarrollar el fruto en nuestra vida.

El mundo necesita ayuda

Aunque es fácil conocer el significado de los frutos, es mucho más difícil vivirlos. Piense en estos hechos: las cárceles están llenas a rebosar debido al odio, la avaricia y la lujuria. La guerra y los crímenes hablan del fallo de la humanidad a la hora de mantener la paz y la gentileza.

Satanás es el responsable de la guerra y los crímenes, pero el fruto del Espíritu puede impedir estas catástrofes. Hay un viejo dicho que reza: "Una manzana al día da energía". Este adagio es para expresar la idea de que si comemos fruta todos los días, no nos enfermaremos. La sociedad está muy enferma, y la única medicina que puede curarla es el fruto del Espíritu.

Piense en el matrimonio. Dos personas se enamoran y se casan, y son llamados a amar a su pareja durante el resto de sus vidas. Sin embargo, la mitad de los matrimonios terminan en divorcio. ¿Cómo es posible que suceda esto si todas las parejas, en algún momento, se amaban? Es sencillo: todos necesitan ayuda con el amor. El amor es difícil de expresar por nosotros mismos; egoísmo y resentimiento ocupan el lugar del amor matrimonial.

Piense también en la relación entre padres e hijos. ¿Hay algún amor mayor que el que los padres tienen por sus propios hijos? No obstante, muchos ni tan siquiera hablan a sus hijos. Incluso las relaciones más fuertes se han visto afectadas.

Si nos cuesta amar a nuestra pareja, hijos y padres, ¿cómo podemos esperar amar a nuestros vecinos, extranjeros y enemigos? ¿Por qué esperamos que naciones se lleven bien unas con otras cuando nos cuesta llevarnos bien con nuestros propios familiares y amigos?

Este es el fallo de la raza humana en reconocer que necesitamos ayuda para cultivar atributos morales que (estoy seguro que todos estaremos de acuerdo en esto) nos hacen ser mejores personas. Aunque la gente puede mostrar algo de fruto, es obvio que, por ellos mismos, carecen del poder para darlos en abundancia.

La iglesia necesita ayuda

Jesús dijo: "*Yo soy la vid y ustedes son las ramas. El que permanece en mí, como yo en él, dará mucho fruto; separados de mí no pueden ustedes hacer nada*" (Juan 15:5). Por mucho que a todos nos gustaría dar mucho fruto, no podemos hacerlo sin Cristo. Jesús nos dijo que necesitamos su ayuda, y Él ha orado al Padre, pidiéndole que nos envíe otro ayudador. El Ayudador es el Espíritu.

No solo está claro que, como conjunto, el mundo ha fallado a la hora de poner en práctica los ideales de estos nueve atributos morales, sino que los cristianos mismos ha menudo han fallado. Es debido a que no han confiado en la ayuda del Espíritu para cultivar el maravilloso fruto.

Falta unidad en las iglesias, divididas por motivos egocéntricos, doctrina y ofensas mal percibidas. Los ministros luchan para llegar a final de mes por la desobediencia y el fracaso de sus miembros a la hora de adherirse a los principios bíblicos. Las congregaciones rehúsan trabajar con otras iglesias por el bien común debido al temor, el orgullo y el legalismo.

¿Acaso no ha quedado claro que necesitamos al Espíritu Santo para que nos ayude a vivir como Dios nos llama a vivir? Recibimos la ayuda que necesitamos cuando somos bautizados en el Espíritu; después debemos dejarle cultivar el fruto del Espíritu dentro de nosotros.

La ley del pecado y de la muerte

Pablo describió su frustrante vida sin el Espíritu, diciendo: "*Aunque deseo hacer lo bueno, no soy capaz de hacerlo*" (Romanos 7:18). No se trataba de una falta de deseo de ser santo, sino de una falta de capacidad. Él no dijo: "No quiero hacerlo", sino "*No puedo hacerlo*". ¡Sencillamente no podía! Este es nuestro estado sin el Espíritu.

Pablo continuó: *"De hecho, no hago el bien que quiero, sino el mal que no quiero"* (versículo 19). ¿Se parece en algo esta experiencia a la de usted?

Usted ha intentado dejar de fumar, realmente quería dejarlo, pero se sentía demasiado débil y volvía a hacerlo. Se decía a usted mismo que sería más paciente con sus hijos, pero cuando lo volvían a hacer, perdía los nervios. Gritaba y gritaba como lo había hecho siempre. Hizo el compromiso de vivir una vida de gozo y rehusó ceder a la depresión. Pero a pesar de su resolución, se hundió más en la depresión.

No se trata de fuerza de voluntad, o decisión, o un deseo santo; se trata de poder. Usted carece de ese poder; sin Jesús, *"no pueden ustedes hacer nada"* (Juan 15:5).

Pablo después dio la respuesta a su dilema y el dilema de cada creyente: *"Por medio de él la ley del Espíritu de vida me ha liberado de la ley del pecado y de la muerte"* (Romanos 8:2). Pablo describió su atadura a la *"ley del pecado y de la muerte"* y su libertad mediante la *"ley del Espíritu de vida"*. El Espíritu Santo desbanca la ley del pecado y de la muerte.

En física, una ley es una fuerza controladora constante, como la gravedad. Imaginemos por un momento que yo decidiera poner mi Biblia arriba en el aire como un símbolo de mi deseo de vivir mediante las leyes de Dios. ¿Cuánto tiempo podría sostenerla encima de mi cabeza? Durante un par de minutos… quizá un poco más. Pero finalmente, me cansaría y tendría que bajarla. No sería por una falta de deseo, sino porque estaba físicamente cansado. Sencillamente no tendría el poder natural para hacer eso.

Pablo llama al pecado una ley. Como la gravedad, el pecado está constantemente tirando de nosotros hacia abajo cuando intentamos hacer las cosas bien. Aunque puede que sea capaz de hacer las cosas bien durante un tiempo, finalmente el pecado, una ley, me agotará, con lo cual finalmente abandonaré y pecaré. Esta es la experiencia de cada ser humano, incluidos los cristianos.

La respuesta de Pablo es el Espíritu. El Espíritu Santo, que también es una ley, es una fuerza controladora constante en nuestra vida. Él es más fuerte que el pecado. Él puede sobrepasar al pecado en nuestra vida.

Por ejemplo, yo no tengo la capacidad natural de pilotar un avión, pero me puedo subir en un avión y dejar que el piloto haga el trabajo. Puedo dormirme, comer y descansar mientras el piloto maneja el avión. El avión ejerce una fuerza sobre la gravedad. Aunque la gravedad sigue funcionando, la fuerza de "sustentación" supera a la fuerza de la gravedad.

Lo mismo ocurre con nosotros cuando se trata de ser una mejor persona. Aunque puedo ocasionalmente ser mejor en mis propias fuerzas, finalmente me agotaré y sucumbiré a la tentación. Quizá puedo mirar a una persona con lujuria, o ser muy rudo con alguien que necesita mi compasión, o preocuparme por una situación que le debería entregar a Dios. Entonces, ¿cómo puedo ser mejor? No por mi fuerza de voluntad o resolución. El mundo depende de la fuerza de voluntad o la resolución para cambiarnos; pero Dios tiene una solución mejor. Él nos envió a su Espíritu Santo para ayudarnos. Mediante el Espíritu en nuestra vida, podemos hacer actos destacados de bondad. Podemos perdonar las peores ofensas y resistir la tentación más fuerte. No es porque tengamos alguna capacidad innata para hacerlo, sino porque hay Alguien en nosotros que nos da la capacidad.

Derramar amor en nuestros corazones

Hace años, trabajé para un empresario llamado Joseph que con el que era muy difícil llevarse bien. Los empleados le odiaban, y a mí, también, al principio no me caía bien. Discutía con los clientes y constantemente se mofaba de los empleados.

En ese tiempo, yo estaba aprendiendo acerca del Espíritu Santo. Leí Romanos 5:5: *"Dios ha derramado su amor en nuestro corazón por el Espíritu Santo que nos ha dado"*, y le dije al Señor: "No hay manera en que yo pueda amar jamás a este hombre por mí mismo; pero con el Espíritu Santo derramando amor en mi corazón por él, podría". Le pedí al Señor este gran amor, y comencé a decir en voz alta: "Tengo amor por Joseph, porque Dios ha derramado su amor en mi corazón mediante el Espíritu Santo".

Desde ese momento en adelante, tuve una capacidad sobrenatural para amar a Joseph. Los empleados me preguntaban cómo podía soportar a ese hombre y tratarle tan bien, y no enojarme cuando él perdía los nervios. Yo les dije: "El Espíritu Santo me ha dado este amor". Sonreí a Joseph y nunca permití que su temperamento y rudas maneras me afectaran. Tras un tiempo, la actitud de Joseph hacia mí cambió. De hecho, empecé a caerle bien. En una cena especial, mientras otros evitaban a Joseph, yo me acerqué a él y le hablé como si fuera mi amigo. Después de la cena, uno de los empleados dijo: "No me puedo creer que te lleves bien con Joseph". De nuevo, les dije que era el Espíritu Santo.

He aprendido que en mis propias fuerzas no puedo amar a las personas como Joseph, y usted tampoco; pero con el Espíritu Santo derramando su amor en nuestro corazón, sobrenaturalmente podemos amar. Esto es lo que necesitamos ahora mismo: un bautismo de amor. El bautismo en el Espíritu Santo nos da amor adicional que no tenemos por nosotros mismos. Además de derramar amor en nuestro corazón, Él derrama toda buena cualidad que necesitamos para vivir vidas mejores: gozo, paz, paciencia, benignidad, bondad, fe, mansedumbre y dominio propio.

Si le falta alguno de estos frutos en su vida, simplemente admita delante de Dios que necesita ayuda. Pídale al Espíritu Santo que le ayude. Afirme en voz alta que usted ha recibido todos los frutos: "Tengo gozo, paz, paciencia", y descubrirá una capacidad sobrenatural para cultivar estos y todos los demás frutos del Espíritu.

Podar la rama

> *Yo soy la vid verdadera, y mi Padre es el labrador. Toda rama que en mí no da fruto, la corta; pero toda rama que da fruto la poda para que dé más fruto todavía. Ustedes ya están limpios por la palabra que les he comunicado.* (Juan 15:1–3)

Una última cosa que necesitamos hacer para cultivar el fruto del Espíritu es escuchar la Palabra de Dios que el Espíritu Santo inspiró a algunos hombres a escribir. Cuando leemos la Escritura y les dejamos que nos la expliquen, estamos siendo podados. Una rama podada, de hecho ayuda a que el árbol dé más fruto. Al principio, al cortar ramas sin fruto parece que dejamos al árbol más desnudo, y sin embargo es esencial que un jardinero pode las ramas muertas que no dan fruto para que no se lleven los nutrientes. De esta forma, los nutrientes llegan mejor a las ramas saludables para que den más fruto.

Por ejemplo, si no está produciendo el fruto del amor, entonces necesita leer versículos acerca del amor y oír sermones acerca del amor. Al hacerlo, la Palabra le convence de los cambios que debe hacer. Y al someterse a la Palabra que lee u oye, el fruto del Espíritu entrará en su vida. Por eso la predicación de la Palabra de Dios es vital, ¡porque nos poda!

El mismo proceso se puede aplicar a cualquiera de los nueve frutos del Espíritu. Si le falta gozo, entonces lea versículos sobre el gozo y escuche mensajes sobre el gozo. Lo mismo ocurre si le falta paz o cualquier otra cosa. Tiene que enfocarse en las partes de la Palabra que hablan de los frutos que le faltan. Cuando su cuerpo carece de ciertos nutrientes, comenzará a anhelar ciertos alimentos que contienen esos nutrientes. Es la forma que tiene su cuerpo de recibir los nutrientes que necesita. Del mismo modo, si le falta fruto espiritual, comience a alimentarse con la Palabra de Dios.

No evite las partes de la Palabra que no le gustan, especialmente las que le castigan. De lo contrario le faltará la poda necesaria para dar fruto. Pero si se somete a toda la Palabra de Dios, será podado y el fruto del Espíritu será abundante y estará activo en su vida. Será una mejor persona.

Satanás le tiene miedo

Al aprender sobre sus dones espirituales para la guerra espiritual, Satanás le tendrá miedo. Usted tiene las armas y el fruto que puede usar contra él. Cuando intente decirle una mentira, usted tendrá sabiduría y conocimiento. Cuando le aflija con enfermedades, usted tendrá el don de sanidad. Cuando intente engañarle, usted tendrá el discernimiento de espíritus. Cuando intente corromper su moralidad, usted tiene el fruto del Espíritu. Ahora ha llegado el momento de caminar en el Espíritu. Opere en los dones; viva los frutos. Estas son sus armas contra Satanás.

EPÍLOGO

¿HAN DESAPARECIDO LOS DONES?

Una de las principales mentiras de Satanás qué él mismo ha propagado a través de la iglesia es que los dones del Espíritu han desaparecido. A Satanás le encantaría que usted también lo creyera porque esto le dejaría a usted con menos armas que usar contra él. La verdad es que cada don del Espíritu que fue dado a la iglesia primitiva está disponible para nosotros hoy. Satanás incluso distorsionará la Biblia para intentar demostrar que Dios quitó algunos de los dones para nosotros hoy. Esto no debería sorprendernos, porque Satanás torció la Biblia para intentar que Jesús saltara desde el pináculo del templo. El diablo conoce la Biblia, pero la distorsiona para su propio beneficio. Lo ha hecho mediante ministros del evangelio. Ha convencido a millones de cristianos de que los dones del Espíritu han pasado. Veamos cuidadosamente cómo Satanás ha armado esta mentira. Este es un pasaje de la Biblia que él ha pervertido para que los creyentes piensen que algunos dones del Espíritu ya han pasado:

El amor jamás se extingue, mientras que el don de profecía cesará, el de lenguas será silenciado y el de conocimiento desaparecerá. Porque conocemos y profetizamos de manera

imperfecta; pero cuando llegue lo perfecto, lo imperfecto des-
aparecerá. Cuando yo era niño, hablaba como niño, pensaba
como niño, razonaba como niño; cuando llegué a ser adulto,
dejé atrás las cosas de niño. Ahora vemos de manera indi-
recta y velada, como en un espejo; pero entonces veremos cara
a cara. Ahora conozco de manera imperfecta, pero entonces
conoceré tal y como soy conocido. (1 Corintios 13:8–12)

Los dones terminarán al amanecer de la nueva era del reinado de Cristo. Pero Satanás miente usando este pasaje para decir que los dones terminaron *antes* de la nueva era.

Habrá un tiempo en que no necesitaremos los dones del Espíritu, como la profecía o las palabras de conocimiento o las lenguas. No necesitaremos el don la fe que mueve montañas en la nueva era donde la muerte será absorbida en victoria. Pero por el momento, vivimos en un mundo de oscuridad donde la luz del conocimiento es necesaria. Vivimos en un mundo de demonios y engaño en el que el discernimiento de espíritus es esencial. Vivimos en un mundo destruido con dolor y enfermedad donde el don de sanidad es muy necesario y querido. Aún no sabemos cómo orar en toda circunstancia, así que confiamos en el don de lenguas para orar cuando no estamos seguros de cuál sea la voluntad de Dios.

Algunos cristianos dirán que la razón por la que no pueden sanar a los enfermos ya es porque el don de sanidad ha terminado. ¿Quién les dijo eso? ¡Dios no! La razón por la que algunas personas no pueden sanar a los enfermos no es porque Dios quitase el don, sino porque Satanás les ha convencido de que Dios lo quitó. Escuche, no hay nada en la Escritura o la historia que se acerque a la enseñanza de que los dones del Espíritu han terminado.

¿Cuándo desaparecieron los dones?

Si Dios se llevó estos dones, entonces ¿cuándo lo hizo? ¿Qué versículo nos dice la fecha en que Dios quitó los dones? ¿Y qué pasó en el mundo que hizo que los dones dejaran de ser necesarios? La gente sigue enfermándose, así que los dones de sanidad siguen siendo necesarios. Lo mismo se podría decir de los demás dones del Espíritu. No hay nada que haya ocurrido en el mundo que haga que cualquiera de los dones se haya quedado obsoleto. Ciertamente, cuando el nuevo mundo llegue, no habrá enfermedad y, por lo tanto, no será necesaria la sanidad. Esto es cierto para cada don del Espíritu. No habrá necesidad de ninguno de los dones en ese tiempo, porque en el nuevo mundo todo sufrirá un cambio fundamental del desorden al orden; de la ignorancia al conocimiento; de la duda a la fe. En pocas palabras, mientras vivamos en este mundo imperfecto, necesitaremos las armas espirituales.

Especulación sobre cuándo desaparecieron los dones

Hay muchas personas que creen que los dones del Espíritu han desaparecido; pero entre ellas hay distintas creencias sobre lo que ocurrió.

1. Los dones desaparecieron cuando murió el último apóstol.

Algunos enseñan que los dones terminaron cuando murió el último apóstol. Pero ¿por qué la muerte de un apóstol debería suponer el cese de los dones? Argumentan que solo los apóstoles tenían los dones del Espíritu. Pero la Escritura nos dice que muchos que no eran apóstoles también tenían los dones del Espíritu. Por ejemplo, Felipe el evangelista echó fuera demonios y sanó enfermos (véase Hechos 8:4–8) y a los enfermos se les dice que llamen a los ancianos de la iglesia para que les unjan y sean sanados (véase Santiago 5:14).

Pablo escribió: *"A cada uno se le da una manifestación especial del Espíritu para el bien de los demás"* (1 Corintios 12:7). Los dones no se dieron solo a los apóstoles sino a *"cada uno"*, o a cada creyente. Muchas personas reciben el don de sanidad.

2. Los dones desaparecieron cuando se completó la Biblia.

Hay otro grupo que dice que los dones desaparecieron cuando se completó la Biblia. Así, presumiblemente, cuando Juan escribió las últimas palabras del libro de Apocalipsis, el último libro de la Biblia, Dios retiró sus dones. ¿Es eso lo que ocurrió? ¿Qué prueba histórica o bíblica se ofrece para defender esto? Es pura especulación.

3. Los dones desaparecieron cuando se canonizó la Biblia.

Finalmente, otros se aferran a la teoría de que los dones terminaron cuando se canonizó la Biblia. Así que no es la Palabra de Dios la que afirma que los dones han terminado, sino el concilio de obispos que decidió qué libros realmente constituían la Palabra de Dios. La creencia de que el acto de la canonización de la Biblia puso fin a los dones es absurda.

Como puede ver, ni siquiera los que dicen que los dones del Espíritu han terminado se ponen de acuerdo en cuándo ocurrió. Hay al menos tres puntos de vista distintos; sin embargo, ninguno de ellos parece estar apoyado ni en la Biblia ni en la historia. No hay ni un solo escrito de los primeros padres que diga que los dones terminaron cuando murió el último apóstol; no hay escritos plausibles ni tratados que confirmen que los dones terminaron cuando se completó la Palabra de Dios o cuando los obispos canonizaron la Biblia. ¿Acaso Dios, como si fuera una aspiradora, absorbió todos los dones del Espíritu cuando se completaron los libros de la Biblia? No. Dios no enseñó que los dones terminaran; los padres de la iglesia no enseñaron que los dones terminaran; Satanás es el que enseñó esto. Él tiene miedo de los dones del Espíritu, así que quiere hacernos creer que algunos de los dones, nuestras armas de guerra espiritual, ya no están disponibles.

Historia de los dones

Tenemos una amplia evidencia en los escritos de los padres de la iglesia de que los dones del Espíritu estaban aún presentes en la iglesia después de que los apóstoles muriesen. En el año 150 d.C., Justino Mártir escribió a un escéptico judío, Trophis: "Ahora, es posible ver entre nosotros mujeres y hombres que tienen dones del Espíritu de Dios….Porque los dones proféticos permanecen con nosotros, incluso hasta este día".

Ireneo, cerca del final del segundo siglo, escribió: "Del mismo modo también oímos de muchos hermanos en la iglesia que tienen dones proféticos, y que mediante el Espíritu hablan todo tipo de lenguajes".

También tenemos relatos de los dones del Espíritu operando después de la canonización de la Biblia. Agustín, que fue el primero en sugerir que los dones desaparecieron, después cambió de idea cuando los dones se avivaron en la iglesia. Él escribió: "Seguimos haciendo lo que los apóstoles hacían cuando imponían manos sobre los samaritanos e invocaban al Espíritu Santo sobre ellos mediante la imposición de manos. Se espera que los convertidos hablen en nuevas lenguas". Estas palabras son del año 400 d.C., después de la canonización de la Biblia.

Como puede ver, no hay prueba histórica o de la experiencia de que hablar en lenguas haya desaparecido. Hoy día, cientos de millones de cristianos tienen los dones del Espíritu. Muchos han mostrado el don de hablar en lenguas, dones de profecía, y otros. ¿Cómo, entonces, se puede argumentar que ha desaparecido?

No falta ningún don espiritual

Es decepcionante que la gente haya permitido que Satanás tuerza las palabras de Pablo en 1 Corintios 13 para enseñar que los dones desaparecieron. Sin embargo, esta enseñanza errónea ignora el primer capítulo de esta epístola. En ella, Pablo enseña claramente que los dones del Espíritu permanecerían hasta que Cristo regresara. Mire lo que escribió: *"De modo que **no les falta ningún don espiritual** mientras esperan con ansias que se manifieste nuestro Señor Jesucristo"* (1 Corintios 1:7). Observemos que Pablo dijo que de la iglesia que *"no les falta ningún don espiritual"* hasta que ocurriese cierto acontecimiento. ¿Qué acontecimiento? Cuando el Señor Jesucristo se manifieste. Esta es una clara referencia a la llegada de Jesús desde el cielo. Pablo también dijo: *"Esto sucederá cuando el Señor Jesús se manifieste desde el cielo"* (2 Tesalonicenses 1:7). Pablo está diciendo que ninguno de los dones desaparecería hasta que Jesús regrese del cielo.

Cuando Cristo regrese y perfeccione el mundo, los dones del Espíritu ya no serán necesarios. Ya no habrá ignorancia, enfermedad, demonios, dificultades, ni nada malo que requiera los dones del Espíritu Santo.

Pablo creía que todos los dones espirituales permanecerían hasta que Jesús regresara. Así que hasta entonces, busquemos fervientemente los dones del Espíritu. No permita que Satanás le convenza de que los dones del Espíritu han terminado.

ACERCA DEL AUTOR

Tom Brown es más conocido por su ministerio de liberación. Millones le han visto en *20/20* de la ABC, al igual que en MSNBC y en History Channel. Es un destacado orador en conferencias, prolífico autor, y pastor comprometido. Su premiado sitio web, www.tbm.org, llega a más de un millón de personas al año. Sus libros publicados por Whitaker House son *You Can Predict Your Future*; *Devil, Demons, and Spiritual Warfare*; *Romper Maldiciones*, *Experimentar Sanidad*, y *Oraciones que Obtienen Resultados*. Tom reside en El Paso, Texas, con su hermosa esposa, Sonia. Tienen tres hijos y están viviendo su etapa del nido vacío.